严守铁规矩
铸牢硬杠杠

白凤国◎编著

红旗出版社

图书在版编目（CIP）数据

严守铁规矩　铸牢硬杠杠 / 白凤国编著. -- 北京：红旗出版社, 2025. 9. -- ISBN 978-7-5051-5512-1

Ⅰ. D261.3

中国国家版本馆CIP数据核字第2025YQ1010号

书　　名　严守铁规矩　铸牢硬杠杠
　　　　　YANSHOU TIE GUIJU ZHULAO YING GANGGANG
编　　著　白凤国

出 版 人	蔡李章	出版统筹	赵　洁
责任编辑	刘云霞	装帧设计	张　敏
责任校对	吕丹妮	责任印务	金　硕
出　　版	红旗出版社		
地　　址	北京市沙滩北街2号	邮政编码	100727
	杭州市体育场路178号	邮政编码	310039
编 辑 部	0571-85312121		
E-mail	hqcbs@8531.cn		
法律顾问	北京盈科（杭州）律师事务所	钱　航　董　晓	
发　　行	北京华景时代文化传媒有限公司	电　　话	010-83626929
印　　刷	河北鹏润印刷有限公司		
开　　本	690毫米×980毫米　1/16		
字　　数	202千字	印　　张	16
版　　次	2025年9月第1版	印　　次	2025年9月第1次印刷
ISBN 978-7-5051-5512-1		定　　价	48.00元

前　言

纪律是管党治党的“戒尺”，也是党员干部约束自身行为的标准和遵循。党章明确指出：“党的纪律是党的各级组织和全体党员必须遵守的行为规则，是维护党的团结统一、完成党的任务的保证。党组织必须严格执行和维护党的纪律，共产党员必须自觉接受党的纪律的约束。”我们党是靠革命理想和铁的纪律组织起来的马克思主义政党，纪律严明是党的光荣传统和独特优势。党面临的形势越复杂、肩负的任务越艰巨，就越要加强纪律建设，越要维护党的团结统一，确保全党统一意志、统一行动、步调一致前进。

纪律是党的生命线。毛泽东曾说：“路线是‘王道’，纪律是‘霸道’，这两者都不可少。”[①]党的十八大以来，以习近平同志为核心的党中央高度重视纪律建设，坚持以党章为根本遵循，将纪律建设纳入党的建设总体布局，用铁的纪律全面从严治党。党的二十大报告对“坚持以严的基调强化正风肃纪”作出战略部署，强调“全面加强党的纪律建设”。二十届中央纪委二次全会、三次全会对全面加强党的纪律建设作出部署。加强纪律建设，要以党章为根本遵

① 《毛泽东文集》第二卷，人民出版社 1993 年版，第 374 页。

循，以政治建设为统领，以党规党纪为准绳，坚持党性党风党纪一起抓，以严明的纪律确保全党步调一致向前进，使铁的纪律转化为党员干部的日常习惯和自觉遵循，使全党团结成“一块坚硬的钢铁”。

加强纪律建设，推进全面从严治党。纪律既是党组织和党员干部的行为底线，又是拒腐防变的有力武器。纪律建设是与党的政治建设、思想建设、组织建设、作风建设一体的党的自我革命过程，是全面从严治党的治本之策。2023年12月，新修订的《中国共产党纪律处分条例》发布，这是党的十八大以来党中央对这一条例的第三次修订，释放出全面从严治党越来越严、越往后执纪越严的强烈信号。党的纪律是铁的纪律，是不可触碰的“高压线”，更是我们党葆有旺盛生命力和强大战斗力、实现初心使命的根本保障。要把纪律建设摆在更加突出位置，使党规制定、党纪教育、执纪监督全过程都要贯彻严的要求，既让铁纪“长牙”、发威，又让党员干部重视、警醒、知止，推动党员干部把党章党规党纪内化于心、外化于行，促进全党形成遵规守纪的高度自觉。

严格纪律教育，筑牢廉洁自律防线。习近平总书记多次强调，要养成纪律自觉，把他律要求转化为内在追求。加强纪律教育是落实全面从严治党要求、加强党的纪律建设的一项基础性、经常性工作。二十届中央纪委三次全会作出部署，以学习贯彻新修订的纪律处分条例为契机，在全党开展一次集中性纪律教育，认真开展党纪学习教育，着力解决对党规党纪不上心、不了解、不掌握等问题。要把纪律教育寓于日常监督管理，将纪律教育和党性教育、廉洁文化教育贯通起来，推动严守纪律的要求融入日常、做在经常、化为习惯，坚持正面引导和警示教育相结合，戒尺高悬、警钟长鸣，使铁的纪律转化为党员干部的日常习惯和自觉遵循。党员干部要切实增强纪律意识、规矩意识，身体力行作表率，从思想上固本培元，弘扬党的光荣传统和优良作风，模范遵守和维护党章，严格遵守党纪政纪规范，坚决维护党纪的严肃性，绷紧纪律之弦，作自我革命的表率、遵规守纪的标杆。

强化纪律执行，切实维护纪律刚性。党纪的权威来自强有力的执行，纪律的威慑力取决于强有力的执行力。要将纪律教育和纪律执行有机结合起来，有力促进教育与惩治的良性互动。精准把握政策策略，深化运用“四种形态”，坚持实事求是，落实“三个区分开来”，以严管厚爱激励党员干部新担当新作为。坚持纪严于法、纪在法前，以有纪可依、执纪必严、违纪必究的有力行动，紧盯不放、寸步不让，使纪律真正成为带电的“高压线”。要把适用纪律和适用法律相结合，促进执纪与执法贯通，有效衔接司法，推动实现依规治党和依法治国有机统一。新征程上，我们要深入学习贯彻习近平总书记关于纪律建设的重要论述，以纪律建设的新成效推动全面从严治党向纵深发展，为以中国式现代化全面推进强国建设、民族复兴伟业提供坚强的纪律保障。

2023 年，中共中央办公厅、国务院办公厅印发了《关于建立领导干部应知应会党内法规和国家法律清单制度的意见》，并发出通知，要求各地区各部门结合实际认真贯彻落实。作为党员干部，在任何时候任何情况下，都要有遵守和维护党的纪律、国家法律的修养，要更加自觉地学习掌握应知应会党内法规和国家法律，做尊规学规守规用规、尊法学法守法用法的模范。牢固树立党章意识，用党章党规党纪约束自己的一言一行，牢固树立宪法法律至上、法律面前人人平等、权由法定、权依法使等基本法治观念，增强法治意识，强化法治思维，做到在法治之下想问题、作决策、办事情。

纪律是约束，也是保护。那么，党员干部如何增强纪律观念、强化纪律意识？党员干部如何加强纪律修养、严守党纪国法？本书结合《中国共产党章程》《中国共产党纪律处分条例》《中国共产党问责条例》《中国共产党党内监督条例》《中国共产党纪律检查机关监督执纪工作规则》和其他党内法规，结合党员干部的工作实际，采用问答形式，从党内法规及国家法律层面甄选重点条目，将党员干部贯彻党规党纪的常见疑难问题、在工作和生活中把握纪法界限等应知应会的知识点进行归纳总结，解疑释惑，具有较强的可读性、实用性和指导性，帮助党员干部时时处处用纪律的尺度衡量和校准自身的一言一行，让党员干部知敬畏、存戒惧、守底线，确保党和国家的事业蓬勃发展。

▶▶ 目 录

三、组织纪律常识

纪律

一、党的纪律基础知识

1. 党的纪律建设的指导思想是什么？

党的纪律建设必须坚持以马克思列宁主义、毛泽东思想、邓小平理论、“三个代表”重要思想、科学发展观、习近平新时代中国特色社会主义思想为指导，坚持和加强党的全面领导，坚决维护习近平总书记党中央的核心、全党的核心地位，坚决维护以习近平同志为核心的党中央权威和集中统一领导，弘扬伟大建党精神，坚持自我革命，贯彻全面从严治党战略方针，落实新时代党的建设总要求，推动解决大党独有难题、健全全面从严治党体系，全面加强党的纪律建设，为以中国式现代化全面推进强国建设、民族复兴伟业提供坚强纪律保障。

2. 党的纪律主要包括哪些方面？

党的纪律是对共产党员这个先进群体的特殊要求，具有严格的规范作用。党的纪律主要包括政治纪律、组织纪律、廉洁纪律、群众纪律、工作纪律、生活纪律。六项纪律各有侧重，从不同角度、不同方面明确了党员的行为底线和“高压线”。

以党的六项纪律为尺子衡量党员干部的行为，对违纪行为作出相应的处置。运用监督执纪“四种形态”，让“红红脸、出出汗”成为常态，党纪处分、组织调整成为管党治党的重要手段，严重违纪、严重触犯刑律的党员干部必须开除党籍。党内严格禁止用违反党章和国家法律的手段对待党员干部，严格禁止打击报复和诬告陷害。违反这些规定的组织或个人必须受到党的纪律和国家法律的追究。

3. 党的纪律处分工作遵循的原则有哪些？

党的纪律处分是党的组织对于违犯党纪的党组织、党员，根据其错误性质和情节的轻重，按照党章、《中国共产党纪律处分条例》等党内法规的有关规定作出的处罚。党的纪律处分工作应遵循下列原则：（一）坚持党要管党、全面从严治党。把严的基调、严的措施、严的氛围长期坚持下去，加强对党的各级组织和全体党员的教育、管理和监督，把纪律挺在前面，抓早抓小、防微杜渐。（二）党纪面前一律平等。对违犯党纪的党组织和党员必须严肃、公正执行纪律，党内不允许有任何不受纪律约束的党组织和党员。（三）实事求是。对党组织和党员违犯党纪的行为，应当以事实为依据，以党章、其他党内法规和国家法律法规为准绳，执纪执法贯通，准确认定行为性质，区别不同情况，恰当予以处理。（四）民主集中制。实施党纪处分，应当按照规定程序经党组织集体讨论决定，不允许任何个人或者少数人擅自决定和批准。上级党组织对违犯党纪的党组织和党员作出的处理决定，下级党组织必须执行。（五）惩前毖后、治病救人。处理违犯党纪的党组织和党员，应当实行惩戒与教育相结合，做到宽严相济。

纪律是党的生命。抓好党的纪律处分工作，要遵循以上五项原则，引导党员干部自觉守纪，对党章党规党纪心存敬畏，严肃认真地对待每一条纪律规定，不折不扣地带头执行每一条纪律规定。要全面执纪、严格执纪、公正执纪，做到有纪必依，有规必循，违纪必究，违规必查，真正树立起党纪的权威性和严肃性。

4. 什么是党内法规？党内法规的名称有哪些？

党内法规是党的中央组织、中央纪律检查委员会、党中央工作机关和省、自治区、直辖市党委制定的，体现党的统一意志、规范党的领导和党的建设活动、依靠党的纪律保证实施的专门规章制度。党章是最根本的党内法规，是制定其他党内法规的基础和依据。

党内法规的名称为党章、准则、条例、规定、办法、规则、细则。党章对党的性质和宗旨、路线和纲领、指导思想和奋斗目标、组织原则和组织机构、党员义务权利以及党的纪律等作出根本规定。准则对全党政治生活、组织生活和全体党员行为等作出基本规定。条例对党的某一领域重要关系或者某一方面重要工作作出全面规定。规定、办法、规则、细则对党的某一方面重要工作的要求和程序等作出具体规定。中央纪律检查委员会以及党中央工作机关和省、自治区、直辖市党委制定的党内法规，可以使用规定、办法、规则、细则的名称。

5. 对党员的纪律处分种类有哪些？

对党员的纪律处分种类：（一）警告；（二）严重警告；（三）撤销党内职务；（四）留党察看；（五）开除党籍。

警告是党组织对违纪党员提出的告诫，以促使其认识和改正错误。警告是最轻的一种党纪处分，适用于违纪情节较轻，但必须给予党纪处分的党员。严重警告是一种重于警告的较轻党纪处分，适用于违纪性质和情节比较重的党员。撤销党内职务属于较重的党纪处分，适用于那些所犯错误性质、情节严重，不宜再担任现任全部党内职务或某一个或几个党内职务的违纪党员。如果决定撤销其两个以上职务，则必须从其担任的最高职务开始依次撤销。对于在党外组织担任职务的，应当建议党外组织撤销其党外职务。留党察看是仅次于开除党籍的一种较重的党纪处分，适用于严重违纪，但尚未完全丧失共产党员条件，不宜再担任现任全部党内职务的党员。开除党籍是最重的党纪处分，适用于严重违纪、已丧失共产党员条件的党员。根据党章规定，各级党组织在决定或批准开除党员党籍的时候，应当全面研究有关的材料和意见，采取十分慎重的态度。

6. 党纪处分的影响期分别是多长时间？

警告处分的影响期为一年；严重警告处分的影响期为一年半；党员受到撤销党内职务处分，影响期为二年；留党察看处分，分为留党察看一年、留党察看二年，影响期为恢复党员权利起二年；党员受到开除党籍处分，五年内不得重新入党。

7. 对党组织的纪律处分种类有哪些？

党组织如果在维护党的纪律方面失职，必须问责。对于严重违犯党的纪律、本身又不能纠正的党组织，上一级党的委员会在查明核实后，应根据情节严重的程度，作出进行改组或予以解散的决定，并报再上一级党的委员会审查批准，正式宣布执行。《中国共产党纪律处分条例》第九条规定："对于违犯党纪的党组织，上级党组织应当责令其作出书面检查或者给予通报批评。对于严重违犯党纪、本身又不能纠正的党组织，上一级党的委员会在查明核实后，根据情节严重的程度，可以予以：（一）改组；（二）解散。"同时，《中国共产党纪律处分条例》第十五条规定：对于受到改组处理的党组织领导机构成员，除应当受到撤销党内职务以上处分的外，均自然免职。第十六条规定：对于受到解散处理的党组织中的党员，应当逐个审查。其中，符合党员条件的，应当重新登记，并参加新的组织过党的生活；不符合党员条件的，应当对其进行教育、限期改正，经教育仍无转变的，予以劝退或者除名；有违纪行为的，依照规定予以追究。

8. 政务处分的种类包括哪些？

《中华人民共和国公职人员政务处分法》第七条规定，政务处分的种类为：（一）警告；（二）记过；（三）记大过；（四）降级；（五）撤职；（六）开除。

第八条规定："政务处分的期间为：（一）警告，六个月；（二）记过，十二个月；（三）记大过，十八个月；（四）降级、撤职，二十四个月。""政务处分决定自作出之日起生效，政务处分期自政务处分决定生效之日起计算。"

9. 纪律处分、组织处理、诫勉谈话是什么关系？

纪律处分、组织处理与诫勉谈话各司其职，都是党组织对有问题的党员进行教育、管理、监督的措施。纪律处分，是指对党组织和党员违反党章和其他党内法规，违反国家法律法规，违反党和国家政策、社会主义道德，危害党、国家和人民利益的行为，追究党纪责任。组织处理，是指党组织对违规违纪违法、失职失责失范的领导干部采取的岗位、职务、职级调整措施，包括停职检查、调整职务、责令辞职、免职、降职。诫勉谈话，主要针对党员干部存在虽不构成违纪但造成不良影响，或者虽构成违纪但根据有关规定免予党纪政纪处分的问题，由党组织对其进行谈话教育，防止小错酿成大错。其目的在于对党员干部进行教育、提醒、警示，不属于组织处理。

推进全面从严治党，必须从严监督管理党员干部。对苗头性、倾向性问题必须抓早抓小，防微杜渐，避免小问题酿成大错误、从违纪走向违法。因此，综合运用纪律处分、组织处理、诫勉谈话等措施，发现问题该提醒的提醒，该教育的教育，该处理的处理，能够更好地教育、管理、监督党员，从而严肃党的纪律，纯洁党的组织，维护党的形象。

10. 监督执纪“四种形态”如何运用？

“四种形态”是新形势下管党治党的利器，是纪检监察机关执纪执法的重要遵循。深化运用监督执纪“四种形态”，具体为：第一种形态，经常开展批评和自我批评，及时进行谈话提醒、批评教育、责令检查、诫勉，让“红红脸、出出汗”成为常态；第二种形态，党纪轻处分、组织调整成为违纪处理的大多数；第三种形态，党纪重处分、重大职务调整的成为少数；第四种形态，严重违纪涉嫌犯罪追究刑事责任的成为极少数。党的十八大以来，“四种形态”的内涵不断深化、作用日益凸显，已经写入党章和《中国共产党党内监督条例》《中国共产党纪律处分条例》等一系列党内法规，并形成一个环环相扣、严密完整的逻辑体系，成为全面从严治党的政策策略。

党员干部有作风纪律方面的苗头性、倾向性问题或者轻微违纪问题，或者有一般违纪问题但具备免予处分情形的，运用监督执纪第一种形态，按照规定进行谈话提醒、批评教育、责令检查等，或者予以诫勉，做细做实对党员干部的经常性监督，让咬耳扯袖、“红红脸、出出汗”成为常态，抓早抓小、防微杜渐。党员干部有一般违纪问题，或者违纪问题严重但具有主动交代等从轻减轻处分情形的，运用监督执纪第二种形态，按照规定给予警告、严重警告处分，或者建议单处、并处停职检查、调整职务、责令辞职、免职等处理。党员干部有严重违纪问题，或者严重违纪并构成严重职务违法的，运用监督执纪第三种形态，按照规定给予撤销党内职务、留党察看、开除党籍处分，同时建议给予降职或者依法给予撤职、开除公职、调整其享受的待遇等处理。党员干部严重违纪、涉嫌犯罪的，运用监督执纪第四种形态，按照规定给予开除党籍处分，同时依法给予开除公职、调整或者取消其享受的待遇等处理，再移送司法机关依法追究刑事责任。

11. 领导干部存在哪些情形应当受到组织处理？

《中国共产党组织处理规定（试行）》第七条规定，领导干部在政治表现、履行职责、工作作风、遵守组织制度、道德品行等方面，有苗头性、倾向性或者轻微问题，以批评教育、责令检查、诫勉为主，存在以下情形之一且问题严重的，应当受到组织处理：（一）在重大原则问题上不同党中央保持一致，有违背“四个意识”、“四个自信”、“两个维护”错误言行的；（二）理想信念动摇，马克思主义信仰缺失，搞封建迷信活动造成不良影响，或者违规参加宗教活动、信奉邪教的；（三）贯彻落实党的基本理论、基本路线、基本方略和党中央决策部署不力，做选择、打折扣、搞变通，造成不良影响或者严重后果的；（四）面对大是大非问题、重大矛盾冲突、危机困难，不敢斗争、不愿担当，造成不良影响或者严重后果的；（五）工作不负责任、不正确履职或者疏于管理，出现重大失误错误或者发生重大生产安全事故、群体性事件、公共安全事件等严重事故、事件的；（六）工作不作为，敷衍塞责、庸懒散拖，长期完不成任务或者严重贻误工作的；（七）背弃党的初心使命，群众意识淡薄，对群众反映强烈的问题推诿扯皮，在涉及群众生产、生活等切身利益问题上办事不公、作风不正，甚至损害、侵占群众利益，造成不良影响或者严重后果的；（八）形式主义、官僚主义问题突出，脱离实际搞劳民伤财的“形象工程”、“政绩工程”，盲目举债，弄虚作假，造成不良影响或者重大损失的；（九）违反民主集中制原则，个人或者少数人决定重大问题，不执行或者擅自改变集体决定，不顾大局闹无原则纠纷、破坏团结，造成不良影响或者严重后果的；（十）在选人用人工作中跑风漏气、说情干预、任人唯亲、突击提拔、跑官要官、拉票贿选、违规用人、用人失察失误，造成不良影响或者严重后果的；（十一）搞团团伙伙、拉帮结派、培植个人势力等非组织活动，破坏所在地方或者单位政治生态的；（十二）无正当理由拒不服从党组织根据工作需要作出的分配、调动、交流等决定的；（十三）不执行重大事项请示报告制度产生不良后果，严重违反个人有关事项报告、干部人事档案管理、领导干部出国（境）等管理制度，本人、配偶、子女及其配偶违规经商办企业的；（十四）诬告陷害、打击报复他人，制造或者散布谣言，阻挠、压制检举控告，造成不良影响或者严重后果的；（十五）违反中央八项规定精神、廉洁从政有关规定的；（十六）违背社会公序良俗，造成不良影响或者严重后果的；（十七）其他应当受到组织处理的情形。

12. 组织处理的程序是什么？

《中国共产党组织处理规定（试行）》第十条规定，组织处理一般按照以下程序进行：（一）调查核实。组织（人事）部门对领导干部存在的问题以及所应担负的责任进行调查核实，听取有关方面意见，与领导干部本人谈话听取意见。执纪执法等机关已有认定结果的，可以不再进行调查。（二）提出处理意见。组织（人事）部门根据调查核实情况或者执纪执法等机关认定结果、有关建议，以及领导干部一贯表现、认错悔错改错等情况，综合考虑主客观因素，研究提出组织处理意见报党委（党组）。（三）研究决定。

党委（党组）召开会议集体研究，作出组织处理决定。对双重管理的领导干部，主管方应当就组织处理意见事先征求协管方意见。（四）宣布实施。组织（人事）部门向受到组织处理的领导干部所在单位和本人书面通知或者宣布组织处理决定，向提出组织处理建议的机关、单位通报处理情况，在1个月内办理受到组织处理的领导干部调整职务、职级、工资以及其他有关待遇的手续。对选举和依法任免的领导干部，按照有关规定履行任免程序。对需要向社会公开的组织处理，按照有关规定予以公开。

13. 怎样理解“信任不能代替监督”？

党员干部的成长，离不开信任，更离不开监督。信任是基础，而监督则是对信任的保护和对权力的制衡。放弃监督就意味着放任自流，不但信任无从谈起，还会给党和人民事业造成巨大损失。可以说，接受监督是党员干部的基本素养。《中国共产党党内监督条例》把“信任不能代替监督”作为重要原则，体现了监督和信任的有机统一。党内监督面向各级党组织和全体党员，党内不允许有任何不受制约的权力，同时也要求所有党员都必须接受监督。

监督是一种他律，从外部对人们的思想与行为进行规范和约束。党组织对党员干部要政治上激励、思想上关心、工作上支持、待遇上保障、心理上关怀，让他们安心安身安业，同时又不能放任不管、疏于监督。在全面从严治党形势下，各级党组织要切实增强监督意识，不断加大监督力度，在严管中体现厚爱，不断提高履行监督责任和自觉接受监督的责任感和自觉性。严格执行党内监督的各项制度，促进党员干部做到有权必有责、有责要担当，用权受监督、失责必追究。要强化日常监督，既抓“八小时之内”，又抓“八小时之外”，抓早抓小、抓常抓长，及时了解和把握党员干部的思想、工作、作风、生活状况。要抓好事前和事中监督，上级党组织特别是其主要负责人，对下级党组织主要负责人应当平时多过问、多提醒。

14. 处理违犯党纪的党组织和党员，如何做到惩戒与教育相结合？

《中国共产党纪律处分条例》明确规定，党的纪律处分工作遵循“惩前毖后、治病救人”原则。处理违犯党纪的党组织和党员，应当实行惩戒与教育相结合，做到宽严相济。对待违纪的党组织和党员，要持续强化理想信念教育和典型案例警示教育，坚持因势利导、分类施策，对轻微违纪的党组织和党员侧重于开展廉洁自律教育，筑牢廉洁从政的思想防线，上紧党员干部的思想发条，提高遵纪守法自觉性。引导失职失责类违纪干部正确对待纪律处分，进一步激发干事创业激情。现实中，要坚持严管厚爱结合、激励约束并重，精准运用容错纠错、澄清正名及回访教育等举措，把加强监督和正向激励相结合，旗帜鲜明鼓励党员干部在开启全面建设社会主义现代化国家新征程中担当作为、建功立业。

15. 处分违纪党员的工作程序是什么?

根据党章和《中国共产党纪律处分条例》《中国共产党处分违纪党员批准权限和程序规定》的相关规定，对党员的纪律处分，必须经过支部大会讨论决定，报党的基层委员会批准。如果涉及的问题比较重要或复杂，或给党员以开除党籍的处分，应分别不同情况，报县级或县级以上党的纪律检查委员会审查批准。在特殊情况下，县级和县级以上各级党的委员会和纪律检查委员会有权直接决定给党员以纪律处分。

对党的中央委员会委员、候补委员，给以警告、严重警告处分，由中央纪律检查委员会常务委员会审议后，报党中央批准。对地方各级党的委员会委员、候补委员，给以警告、严重警告处分，应由上一级纪律检查委员会批准，并报它的同级党的委员会备案。

对党的中央委员会和地方各级委员会的委员、候补委员，给以撤销党内职务、留党察看或开除党籍的处分，必须由本人所在的委员会全体会议三分之二以上的多数决定。在全体会议闭会期间，可以先由中央政治局和地方各级委员会常务委员会作出处理决定，待召开委员会全体会议时予以追认。对地方各级委员会委员和候补委员的上述处分，必须经过上级纪律检查委员会常务委员会审议，由这一级纪律检查委员会报同级党的委员会批准。

严重触犯刑律的中央委员会委员、候补委员，由中央政治局决定开除其党籍；严重触犯刑律的地方各级委员会委员、候补委员，由同级委员会常务委员会决定开除其党籍。

对违纪党员实施党纪处分实行分级负责制。处分违纪党员批准权限主要依据党员组织隶属关系和干部人事管理权限确定，对违纪党员实施党纪处分应当坚持党纪面前一律平等、实事求是、民主集中制和惩前毖后、治病救人原则，做到事实清楚、证据确凿、定性准确、处理恰当、手续完备、程序合规。对违纪党员实施党纪处分应当按照规定程序，经党组织（含纪律检查机关）集体讨论决定，不允许任何个人或者少数人擅自决定和批准。上级党组织对违纪党员作出的处理决定，下级党组织必须执行。

党纪处分决定作出后，应当在一个月内向受处分党员所在党的基层组织中的全体党员及本人宣布，是领导班子成员的还应当向其所在党组织领导班子宣布，并按照干部管理权限和组织关系将处分决定材料归入受处分者档案；对于受到撤销党内职务以上处分的，还应当在一个月内办理职务、工资、工作及其他有关待遇等相应变更手续；涉及撤销或者调整其党外职务的，应当建议党外组织及时撤销或者调整其党外职务。特殊情况下，经作出或者批准作出处分决定的组织批准，可以适当延长办理期限。办理期限最长不得超过六个月。

16. 为什么要允许受处分的党员说明情况和申辩？

党章规定，对党员“处分决定所依据的事实材料和处分决定必须同本人见面，听取本人说明情况和申辩”。这一规定是为了保障党员的权利。即便是对受党纪处分的党员，也应尊重。听取受纪律处分的党员说明情况和申辩，有助于党组织弄清党员所犯错误的事实和性质，以便作出恰当的纪律处分，防止和减少错案，避免伤害同志；有助于对犯错误的党员进行有效的批评和教育，帮助其改正错误；有助于对其他党员进行思想教育，提高和统一党内认识。当然，对于确属事实清楚、证据确凿、定性准确恰当的处分，本人仍不认账，或者坚持错误意见和无理要求的，要给以严肃的批评教育，绝不迁就。因此，党组织要耐心听取党员本人对处分的申辩，不得压制和阻拦。《中国共产党纪律处分条例》明确规定，“对党员的申辩、辩护、作证等进行压制，造成不良后果”的行为，视情节给予直接责任者和领导责任者党纪处分。

17. 对违犯党纪的党组织怎样处理？

党章规定，“党组织如果在维护党的纪律方面失职，必须问责”。“对于严重违犯党的纪律、本身又不能纠正的党组织，上一级党的委员会在查明核实后，应根据情节严重的程度，作出进行改组或予以解散的决定，并报再上一级党的委员会审查批准，正式宣布执行。”《中国共产党问责条例》第八条规定：“对党组织的问责，根据危害程度以及具体情况，可以采取以下方式：（一）检查。责令作出书面检查并切实整改。（二）通报。责令整改，并在一定范围内通报。（三）改组。对失职失责，严重违犯党的纪律、本身又不能纠正的，应当予以改组。”

《中国共产党纪律处分条例》贯彻党章要求，与问责条例相衔接，第九条明确规定：“对于违犯党纪的党组织，上级党组织应当责令其作出书面检查或者给予通报批评。对于严重违犯党纪、本身又不能纠正的党组织，上一级党的委员会在查明核实后，根据情节严重的程度，可以予以：（一）改组；（二）解散。”条例对违犯党纪的党组织的处理方式进行了完善，督促各级党组织切实履行全面从严治党的政治责任。

18. 关于撤销党员党内职务的规定有哪些？

撤销党内职务处分，是指撤销受处分党员由党内选举或者组织任命的党内职务。《中国共产党纪律处分条例》第十一条规定：“对于在党内担任两个以上职务的，党组织在作处分决定时，应当明确是撤销其一切职务还是一个或者几个职务。如果决定撤销其一个职务，必须撤销其担任的最高职务。如果决定撤销其两个以上职务，则必须从其担任的最高职务开始依次撤销。对于在党外组织担任职务的，应当建议党外组织撤销其党外职务。”“对于在立案审查中因涉嫌违犯党纪被免职的党员，审查后依照本条例规定应当给予撤销党内职务处分的，应当按照其原任职务给予撤销党内职务处分。对于应当受到撤销党内职务处分，但是本人没有担任党内职务的，应当给予其严重警告处分。同时，在党外组织担任职务的，应当建议党外组织撤销其党外职务。”“党员受到撤销党内职务处分，或者依照前款规定受到严重警告处分的，二年内不得在党内担任和向党外组织推荐担任与其原任职务相当或者高于其原任职务的职务。”

19. 撤职和免职有何区别?

撤职和免职是有区别的。撤职，是对于违犯党的纪律的党员的一种纪律处分。免职，则属于干部任用的一种制度，不是纪律处分。党政领导干部有下列情形之一的，一般应当免去现职：（一）达到任职年龄界限或者退休年龄界限的；（二）受到责任追究应当免职的；（三）不适宜担任现职应当免职的；（四）因违纪违法应当免职的；（五）辞职或者调出的；（六）非组织选派，个人申请离职学习期限超过一年的；（七）因健康原因，无法正常履行工作职责一年以上的；（八）因工作需要或者其他原因应当免去现职的。在某些情况下，有的党员犯了错误受到处分后，党的组织免去其现任职务，这是正常的干部任免，不是党的纪律处分。

20. 怎样理解和执行留党察看处分?

党章规定，留党察看最长不超过二年。党员在留党察看期间没有表决权、选举权和被选举权。党员经过留党察看，确已改正错误的，应当恢复其党员的权利；坚持错误不改的，应当开除党籍。《中国共产党纪律处分条例》第十二条规定："留党察看处分，分为留党察看一年、留党察看二年。对于受到留党察看处分一年的党员，期满后仍不符合恢复党员权利条件的，应当延长一年留党察看期限。留党察看期限最长不得超过二年。"

21. 党员在留党察看期间又违犯了党的纪律，需要给予党纪处分的，应如何处理？

党员在留党察看期间又违犯了党的纪律，需要给予党纪处分的，应开除其党籍，不能再给予其他党纪处分。至于犯了一般性的错误的党员，经过教育，诚恳地认识错误，并决心改正，在其他方面还没有完全丧失党员条件的，对其错误可作为察看期间的表现，到察看期满时全面考虑，一并处理。对于原受到留党察看一年处分，在留党察看期间又违反了党的纪律，但情节轻微，尚未构成党纪处分，本人认错态度较好的，可以延长留党察看一年。

22. 开除党籍和除名有区别吗？

党籍是指党员的资格。经党支部党员大会通过、基层党委审批接收的预备党员，自通过之日起，即取得了党籍，是一个人从组织上被承认为党员的依据。

开除党籍是对党员作出的一种纪律处分。《中国共产党纪律处分条例》第十三条规定："党员受到开除党籍处分，五年内不得重新入党，也不得推荐担任与其原任职务相当或者高于其原任职务的党外职务。"党籍是党员的政治生命，党员个人应十分珍惜，党组织在处理党员的党籍问题时，也应采取十分慎重的态度。除名是取消党员资格和党籍，是党组织处置不合格党员的一种组织措施，不是纪律处分。

《中国共产党党员教育管理工作条例》第三十一条规定："党

员具有下列情形之一的，按照规定程序给予除名处置：（一）理想信念缺失，政治立场动摇，已经丧失党员条件的，予以除名；（二）信仰宗教，经党组织帮助教育仍没有转变的，劝其退党，劝而不退的予以除名；（三）因思想蜕化提出退党，经教育后仍然坚持退党的，予以除名；（四）为了达到个人目的以退党相要挟，经教育不改的，劝其退党，劝而不退的予以除名；（五）限期改正期满后仍无转变的，劝其退党，劝而不退的予以除名；（六）没有正当理由，连续 6 个月不参加党的组织生活，或者不交纳党费，或者不做党所分配的工作，按照自行脱党予以除名。”

23. 在什么情况下对党员予以停止党籍？

在下面两种情况下，对党员予以停止党籍。一是对因私出国并在国外长期定居的党员，出国学习研究超过 5 年仍未返回的党员，一般予以停止党籍。停止党籍的决定由保留其组织关系的党组织按照有关规定作出。二是对与党组织失去联系 6 个月以上、通过各种方式查找仍然没有取得联系的党员，予以停止党籍。停止党籍的决定由所在党支部或者上级党组织按照有关规定作出。停止党籍 2 年后确实无法取得联系的，按照自行脱党予以除名。

对停止党籍的党员，符合条件的，可以按照规定程序恢复党籍。对劝其退党、劝而不退除名、自行脱党除名、退党除名、开除党籍的，原则上不能恢复党籍，符合条件的可以重新入党。

24. 哪些情形可以从轻或者减轻处分？

从轻处分，是指在《中国共产党纪律处分条例》规定的违纪行为应当受到的处分幅度以内，给予较轻的处分；减轻处分，是指在《中国共产党纪律处分条例》规定的违纪行为应当受到的处分幅度以外，减轻一档给予处分。党员干部有下列情形之一的，可以从轻或者减轻处分：（一）主动交代本人应当受到党纪处分的问题；（二）在组织谈话函询、初步核实、立案审查过程中，能够配合核实审查工作，如实说明本人违纪违法事实；（三）检举同案人或者其他人应当受到党纪处分或者法律追究的问题，经查证属实，或者有其他立功表现；（四）主动挽回损失、消除不良影响或者有效阻止危害结果发生；（五）主动上交或者退赔违纪所得；（六）党内法规规定的其他从轻或者减轻处分情形。以上规定体现了我们党惩前毖后、治病救人的方针，既是对党员干部的严格要求，也是对党员干部的关心爱护，更是教育、帮助和挽救。

25. 哪些情形应当从重或者加重处分？

从重处分，是指在《中国共产党纪律处分条例》规定的违纪行为应当受到的处分幅度以内，给予较重的处分；加重处分，是指在《中国共产党纪律处分条例》规定的违纪行为应当受到的处分幅度以外，加重一档给予处分。党员干部有下列五种情形之一的，应当从重或者加重处分：（一）强迫、唆使他人违纪；（二）拒不上交或者退赔违纪所得；（三）违纪受处分后又因故意违纪应当受到党纪处分；（四）违纪受处分后，又被发现其受处分前没有交代的其他应当受到党纪处分的问题；（五）党内法规规定的其他从重或者加重处分情形。当然，还有《中国共产党纪律处分条例》分则条款中明确规定应当加重处分的情形，如第八十三条规定的“搞有组织的拉票贿选，或者用公款拉票贿选的，从重或者加重处分”。

26. 党员违纪情况相同，一定会受到同样的纪律处分吗?

党员违纪情况相同，不一定会受到同样的纪律处分。违纪党员的态度可能会影响处分档次，同样的违纪情形，处分结果也可能不同。党的纪律处分工作坚持惩前毖后、治病救人的方针，对于认错态度好、主动交代问题的，可以从轻或者减轻处分，但是态度不端正，不配合核查工作，甚至对抗组织审查的，会依规依纪从重处分。《中国共产党纪律处分条例》第十七条规定：“有下列情形之一的，可以从轻或者减轻处分：（一）主动交代本人应当受到党纪处分的问题；（二）在组织谈话函询、初步核实、立案审查过程中，能够配合核实审查工作，如实说明本人违纪违法事实；（三）检举同案人或者其他人应当受到党纪处分或者法律追究的问题，经查证属实，或者有其他立功表现；（四）主动挽回损失、消除不良影响或者有效阻止危害结果发生；（五）主动上交或者退赔违纪所得；（六）党内法规规定的其他从轻或者减轻处分情形。”

27. 如何理解“对违法犯罪的党员，应当按照规定给予党纪处分，做到适用纪律和适用法律有机融合，党纪政务等处分相匹配”？

《中国共产党纪律处分条例》第二十八条规定：“对违法犯罪的党员，应当按照规定给予党纪处分，做到适用纪律和适用法律有机融合，党纪政务等处分相匹配。”这条规定是对违法犯罪党员的纪律处分原则。“适用纪律和适用法律有机融合”，是指在党内法规和国家法律之间不存在冲突的情况下，党纪和国法一般应当相互配合、协同适用。必须破除“纪法对立”的错误思想认识，防止“以法代纪”或是“以刑代罚”，必须坚持纪在法前、纪法贯通。现实中，对有些党员干部既违背了党纪又违犯了国法的行为，纪法就应当相互配合、协同适用，既给予党纪处分，又进行违法处理。公职人员中的中共党员严重违犯党纪并涉嫌犯罪的，应匹配适用党纪政务处分。应当由党组织先作出党纪处分决定，并由监察机关依法给予政务处分后，再依法追究其刑事责任。监察机关对公职人员中的中共党员给予政务处分，一般应当与党纪处分的轻重程度相匹配。

28. 同一个违纪行为同时触犯两个及两个以上党纪条款时，会被重复处罚吗？

如果一名党员的同一个违纪行为触犯了两个或更多的党纪条款，那么应该按照最严重的违规行为来处分，而不是重复处罚。《中国共产党纪律处分条例》第二十四条规定：“一人有本条例规定的两种以上应当受到党纪处分的违纪行为，应当合并处理，按其数种违纪行为中应当受到的最高处分加重一档给予处分；其中一种违纪行为应当受到开除党籍处分的，应当给予开除党籍处分。”“一个违纪行为同时触犯本条例两个以上条款的，依照处分较重的条款定性处理。”第二十五条规定：“一个条款规定的违纪构成要件全部包含在另一个条款规定的违纪构成要件中，特别规定与一般规定不一致的，适用特别规定。”

29. 党员有刑法规定的行为，虽不构成犯罪但须追究党纪责任的，党组织如何处置？

《中国共产党纪律处分条例》第三十条第一款规定：“党组织在纪律审查中发现党员有刑法规定的行为，虽不构成犯罪但须追究党纪责任的，或者有其他破坏社会主义市场经济秩序、违反治安管理等违法行为，损害党、国家和人民利益的，应当视具体情节给予警告直至开除党籍处分。”根据我国刑法的规定，如果行为人行为情节显著轻微，没有达到严重危害社会的程度，依法不构成犯罪。法律是治国之重器，纪律是治党之戒尺。这体现了党纪必须先于国法、严于国法，体现了党的纪律对党员的更高更严要求。

30. 怎么处理国家机关及其工作人员违反规定使用、骗取财政资金的行为？

根据《财政违法行为处罚处分条例》等相关规定，国家机关及其工作人员有下列违反规定使用、骗取财政资金的行为之一的，责令改正，调整有关会计账目，追回有关财政资金，限期退还违法所得。对单位给予警告或者通报批评。对直接负责的主管人员和其他直接责任人员给予记大过处分；情节较重的，给予降级或者撤职处分；情节严重的，给予开除处分。（一）以虚报、冒领等手段骗取财政资金；（二）截留、挪用财政资金；（三）滞留应当下拨的财政资金；（四）违反规定扩大开支范围，提高开支标准；（五）其他违反规定使用、骗取财政资金的行为。这些规定，为党员干部规范财政资金使用提供了纪律保障。

《中国共产党纪律处分条例》第三十条第二款规定，违反国家财经纪律，在公共资金收支、税务管理、国有资产管理、政府采购管理、金融管理、财务会计管理等财经活动中有违法行为的，应当视具体情节给予警告直至开除党籍处分。

31. 党员干部犯罪，有哪些情形应当给予开除党籍处分？

《中国共产党纪律处分条例》第三十四条规定：“党员犯罪，有下列情形之一的，应当给予开除党籍处分：（一）因故意犯罪被依法判处刑法规定的主刑（含宣告缓刑）；（二）被单处或者附加剥夺政治权利；（三）因过失犯罪，被依法判处三年以上（不含三年）有期徒刑。”“因过失犯罪被判处三年以下有期徒刑或者被判处管制、拘役的，一般应当开除党籍。对于个别可以不开除党籍的，应当对照处分违纪党员批准权限的规定，报请再上一级党组织批准。”

32. 党员干部拒不执行法院判决，可以给予党纪处分吗？

党员干部拒不执行法院判决，应当给予相应的纪律处分。什么是拒不执行判决、裁定罪？刑法第三百一十三条规定：“对人民法院的判决、裁定有能力执行而拒不执行，情节严重的，处三年以下有期徒刑、拘役或者罚金；情节特别严重的，处三年以上七年以下有期徒刑，并处罚金。”《中国共产党纪律处分条例》明确规定了对违法犯罪党员的纪律处分依据。第三十三条规定：“党员犯罪情节轻微，人民检察院依法作出不起诉决定的，或者人民法院依法作出有罪判决并免予刑事处罚的，应当给予撤销党内职务、留党察看或者开除党籍处分。”“党员犯罪，被单处罚金的，依照前款规定处理。”第三十五条规定：“党员依法受到刑事责任追究的，党组织应当根据司法机关的生效判决、裁定、决定及其认定的事实、性质和情节，依照本条例规定给予党纪处分，是公职人员的由监察机关给予相应政务处分或者由任免机关（单位）给予相应处分。”目前，一些地方公检法机关和纪检监察机关建立了情况通报和案件移送制度，以推进纪法衔接，确保纪检监察机关对违法犯罪党员及时给予纪律处分，增强了审查调查的政治效果、纪法效果和社会效果。当然，当事人对司法判决不服的，可以提出上诉或申诉，纪检监察机关应当根据上诉或者申诉的结果，及时调整处置情况。

33. 党员干部酒驾醉驾，应当受到怎样的党纪处分?

党员干部酒驾醉驾，严重威胁道路交通秩序和群众生命安全，给个人、家庭和社会造成伤害，严重影响党和政府的形象。酒后驾驶机动车违反了《中华人民共和国道路交通安全法》。《中国共产党纪律处分条例》第三十条第一款规定：“党组织在纪律审查中发现党员有刑法规定的行为，虽不构成犯罪但须追究党纪责任的，或者有其他破坏社会主义市场经济秩序、违反治安管理等违法行为，损害党、国家和人民利益的，应当视具体情节给予警告直至开除党籍处分。”大多数情况下，酒后驾驶行为属于一般违纪，应当给予党内警告、党内严重警告等党纪轻处分。醉酒驾驶机动车构成刑法所规定的危险驾驶罪。党章第四十条第二款规定：“严重违纪、严重触犯刑律的党员必须开除党籍。”《中国共产党纪律处分条例》规定，“因故意犯罪被依法判处刑法规定的主刑（含宣告缓刑）”，应当给予开除党籍处分。《中华人民共和国公职人员政务处分法》规定，“因故意犯罪被判处管制、拘役或者有期徒刑以上刑罚（含宣告缓刑）的”，予以开除。所以，醉驾是否会导致党员干部被开除党籍、开除公职，需要根据具体情况和司法机关的处理结果来确定。广大党员干部要深刻认识酒驾醉驾违法犯罪行为的严重危害，强化规矩意识、底线意识，切实把纪法要求转化为行动自觉，做遵纪守法的模范。

34. 对违纪预备党员应当如何处理？

党的纪律是全体党员和各级党组织都必须遵守的行为规则。党章第七条规定："预备党员的预备期为一年。党组织对预备党员应当认真教育和考察。"预备党员和正式党员一样，都必须履行党员义务，也就必须遵守党的各项纪律。《中国共产党纪律处分条例》第三十六条明确规定："预备党员违犯党纪，情节较轻，可以保留预备党员资格的，党组织应当对其批评教育或者延长预备期；情节较重的，应当取消其预备党员资格。"

党组织发现预备党员有违纪行为需要追究党纪责任的，可以按照执纪审查相关规定进行立案审查，并依据《中国共产党纪律处分条例》规定视其情形作出批评教育、延长预备期或者取消预备党员资格等处理。批评教育，适用于预备党员有一般违纪行为，但情节轻微，没有丧失共产党员条件，尚不需作出延长预备期处理的情况。延长预备期，适用于预备党员有一般违纪行为，但情节较轻，尚可保留预备党员资格的情况。取消预备党员资格，适用于预备党员违纪性质和情节较重、已经丧失共产党员条件的情况。《中国共产党发展党员工作细则》第三十二条规定，预备党员"需要继续考察和教育的，可以延长一次预备期，延长时间不能少于半年，最长不超过一年；不履行党员义务、不具备党员条件的，应当取消其预备党员资格"。预备党员延长预备期，或取消预备党员资格，都应当经支部大会讨论通过和上级党组织批准。预备党员在预备期内，应当时刻按共产党员的标准严格要求自己，严守党纪底线，永葆共产党员政治本色。

35. 对违纪后下落不明的党员应开除党籍吗?

对违纪后下落不明的党员不应当一律给予开除党籍处分。《中国共产党纪律处分条例》第三十七条规定:“对违纪后下落不明的党员,应当区别情况作出处理:(一)对有严重违纪行为,应当给予开除党籍处分的,党组织应当作出决定,开除其党籍;(二)除前项规定的情况外,下落不明时间超过六个月的,党组织应当按照党章规定对其予以除名。”

36. 对违纪行为有关责任人员,应当如何进行责任区分?

《中国共产党纪律处分条例》第三十九条规定:“违纪行为有关责任人员的区分:(一)直接责任者,是指在其职责范围内,不履行或者不正确履行自己的职责,对造成的损失或者后果起决定性作用的党员或者党员领导干部;(二)主要领导责任者,是指在其职责范围内,对主管的工作不履行或者不正确履行职责,对造成的损失或者后果负直接领导责任的党员领导干部;(三)重要领导责任者,是指在其职责范围内,对应管的工作或者参与决定的工作不履行或者不正确履行职责,对造成的损失或者后果负次要领导责任的党员领导干部。”“本条例所称领导责任者,包括主要领导责任者和重要领导责任者。”

一是直接责任者。这里的“职责范围内”,主要指在依照其法定职务或者组织交办的应当承担的具体工作责任和应履行的义务的范围之内。“不履行职责”一般表现为应当作为而不作为，如拒绝履行职责、拖延履行职责或者擅离职守等；“不正确履行职责”，包括超越职权，或者违反规定处理公务，也包括不认真履行职责的情况。

二是主要领导责任者。2023 年 12 月修订的《中国共产党纪律处分条例》将 2018 年修订版中的“对直接主管的工作”修改为“对主管的工作”，使党员领导干部责任追究更明确。这里所谓“主管的工作”，主要指有明确分工或党组织交办由其负责、管辖的工作。

三是重要领导责任者。这里的“应管的工作”，主要指虽然没有明确分工由其主管，但按照法定职责范围应当由其负责、管辖的工作。这里所谓“参与决定的工作”，主要指那些应该由两人以上讨论决定的工作，或者由集体研究讨论决定的工作。对由党员领导干部直接决定某一具体问题或具体事项的，或者由党员领导干部授意、指令承办人员违规办理或应办理而未办理有关事项的，对党员领导干部可认定为负有直接责任。

37.“主动交代”主要有哪两种情况?

“主动交代”，是指涉嫌违纪的党员在组织谈话函询、初步核实前向有关组织交代自己的问题，或者在谈话函询、初步核实和立案审查期间交代组织未掌握的问题。

“主动交代”主要有两种情况，具体为：一是在组织初核前向有关组织交代自己的问题，包括主动交代组织已经掌握的问题，也包括交代组织尚未掌握的问题。二是在初核和立案审查期间交代组织未掌握的问题。这里的“问题”，主要指违纪党员自身存在的违纪问题，交代他人违纪问题的，可根据有关规定认定是否构成立功。主动交代本人应受党纪处分问题的，可以从轻或者减轻处分。这样的规定，体现了惩前毖后、治病救人的方针。

38. 如何把握党员被依法留置、逮捕后要中止其党员权利的规定?

《中国共产党纪律处分条例》第三十二条规定:“党员被依法留置、逮捕的，党组织应当按照管理权限中止其表决权、选举权和被选举权等党员权利。根据监察机关、司法机关处理结果，可以恢复其党员权利的，应当及时予以恢复。”

中止党员权利，主要指党组织对因涉嫌犯罪被监察机关依法留置、司法机关依法逮捕的党员，在不具备及时作出党纪处分决定条件的情况下，作出暂停其行使表决权、选举权和被选举权等党员权利的决定。表决权、选举权和被选举权是党员较为重要的政治权利，中止党员权利一般是中止这三项权利。中止党员权利不影响党员义务的履行，被中止相关权利的党员仍须履行党章所规定的党员义务。有关党组织作出中止党员权利的决定后，应根据监察机关、司法机关的处理结果，及时对被中止党员权利的党员进行处理。

39. 违纪党员在党组织作出处分决定前死亡，或者死亡后发现其曾有严重违纪行为，应当如何处理？

《中国共产党纪律处分条例》第三十八条规定：“违纪党员在党组织作出处分决定前死亡，或者在死亡之后发现其曾有严重违纪行为，对于应当给予开除党籍处分的，开除其党籍；对于应当给予留党察看以下处分的，作出违犯党纪的书面结论和相应处理。”

违纪党员在党组织作出处分决定前死亡，或者在死亡之后发现其曾有严重违纪行为如何处理，主要分为两种情况：

一是给予开除党籍处分。适用于生前已经丧失共产党员条件，有严重违纪行为，应当给予开除党籍处分的党员。对其违纪问题经调查属实，应当根据其违纪性质、情节和后果，给予开除党籍处分，不能因其已经死亡而不作出处理，以严肃党的纪律。有关党组织要对其违纪问题进行审查、审理，并按照处分党员批准权限规定审批。同时，对该违纪党员的违纪所得，应当予以追缴。

二是对于应当给予留党察看以下处分的，作出违犯党纪的书面结论和相应处理。适用于党员生前有违纪行为，根据其违纪事实和《中国共产党纪律处分条例》的规定，应当给予留党察看以下处分的情况。对于已经死亡的违纪党员，给予其留党察看以下党纪处分已无实际意义，但对于其所犯的错误，要实事求是地作出结论，对其违纪所得，也应当予以追缴。

40.《中国共产党纪律处分条例》对党员干部因违纪造成损失行为的处分是如何规定的？

《中国共产党纪律处分条例》中对“党员领导干部政绩观错位，违背新发展理念、背离高质量发展要求，给党、国家和人民利益造成较大损失的”，视情节轻重，对其给予相应党纪处分；对“干涉生产经营自主权，致使群众财产遭受较大损失的”“工作中不负责任或者疏于管理，贯彻执行、检查督促落实上级决策部署不力，给党、国家和人民利益以及公共财产造成较大损失的”，视情节轻重，对直接责任者和领导责任者给予相应党纪处分。同时，还对“工作中不负责任或者疏于管理，贯彻执行、检查督促落实上级决策部署不力，给党、国家和人民利益以及公共财产”造成损失的，以及“违反有关规定干预和插手公共财政资金分配、项目立项评审、功勋荣誉表彰奖励等活动，造成重大损失或者不良影响的”，给予相应党纪处分。

41. 对于违纪行为所获得的经济利益，应当如何处理？

《中国共产党纪律处分条例》第四十三条规定：“对于违纪行为所获得的经济利益，应当收缴或者责令退赔。”《中华人民共和国监察法》第四十六条规定：“监察机关经调查，对违法取得的财物，依法予以没收、追缴或者责令退赔；对涉嫌犯罪取得的财物，应当随案移送人民检察院。”《中华人民共和国公职人员政务处分法》第二十五条规定："公职人员违法取得的财物和用于违法行为的本人财物，除依法应当由其他机关没收、追缴或者责令退赔的，由监察机关没收、追缴或者责令退赔；应当退还原所有人或者原持有人的，依法予以退还；属于国家财产或者不应当退还以及无法退还的，上缴国库。"

42. 如何理解和把握按照错误性质和情节轻重给以批评教育、责令检查、诫勉直至纪律处分的规定？

党章明确规定，坚持惩前毖后、治病救人，执纪必严、违纪必究，抓早抓小、防微杜渐，按照错误性质和情节轻重，给以批评教育、责令检查、诫勉直至纪律处分。《中国共产党纪律处分条例》规定，"深化运用监督执纪'四种形态'，经常开展批评和自我批评，及时进行谈话提醒、批评教育、责令检查、诫勉，让'红红脸、出出汗'成为常态"。"党员有作风纪律方面的苗头性、倾向性问题或者违犯党纪情节轻微的，可以给予谈话提醒、批评教育、责令检查等，或者予以诫勉，不予党纪处分。"

"按照错误性质和情节轻重，给以批评教育、责令检查、诫勉直至纪律处分"的规定，充分体现了党中央从严管党治党、强化日常管理监督的重要要求。坚持把纪律挺在前面，坚持纪严于法、纪在法前，以高压态势作为坚强后盾，充分运用第一种形态，强化日常管理监督，使党员干部更加真切地感受到严管就是厚爱、治病为了救人，更加严格地要求自己。综合运用"四种形态"惩治极少数、教育大多数，对于问题轻微、真心悔错改错的，按照规定进行批评教育、责令检查或者予以诫勉等，是党组织教育挽救违纪党员干部的重要手段，有助于帮助违纪党员干部纠错改过、重振精神、担当作为。各级党组织和党员干部要切实履行全面从严治党主体责任，在用足用好监督执纪第一种形态上下功夫，坚持关口前移、防患于未然，对党员干部身上的问题早发现、早提醒，对存在苗头性、倾向性问题或者轻微违纪问题的及时批评教育、责令检查或者予以诫勉等，使得可能犯错误的同志不犯错误，初犯偶犯错误的同志改正错误，犯小错误的同志不演变成犯大错误，有助于帮助违纪的党员干部纠错改过、回归正道，把惩前毖后、治病救人的方针落到实处，让党员干部时刻感受到组织监督就在身边。

43. 如何理解党规党纪严于国法？

国有国法，党有党规。党纪与国法是国家治理现代化的两个重要支点。党内法规是管党治党的重要遵循。我们党是执政党，是肩负神圣使命的政治组织，按照党内法规把党建设好，锻造出领导法治建设的中流砥柱，才能为全面推进依法治国、建设法治中国提供有力保障。国家法律是全体公民必须遵守的行为底线。党规党纪对党员的要求严于国家法律对普通公民的要求。党的先锋队性质和执政地位决定了党纪严于国法。事实反复证明，党员干部违法必先违纪，把纪律挺在前面，发现问题及时纠正，就能防止小错酿成大错。

“模范遵守国家的法律法规”是党章规定的党员义务，“严重触犯刑律的党员必须开除党籍”是党章的明确规定。《中共中央关于全面推进依法治国若干重大问题的决定》旗帜鲜明地指出：“党规党纪严于国家法律，党的各级组织和广大党员干部不仅要模范遵守国家法律，而且要按照党规党纪以更高标准严格要求自己，坚定理想信念，践行党的宗旨，坚决同违法乱纪行为作斗争。对违反党规党纪的行为必须严肃处理，对苗头性倾向性问题必须抓早抓小，防止小错酿成大错、违纪走向违法。”

“不以规矩，不能成方圆。”我们党作为肩负远大使命、有着严格组织纪律要求的马克思主义执政党，要始终确保党纪严于国法，以更严的标准要求和约束各级党组织和广大党员干部，在政治上讲忠诚、组织上讲服从、行动上讲纪律，永葆党的先锋队性质。

44. 有人认为全面从严治党束缚了党员干部的手脚，影响了党员干部干事创业的积极性，这种说法对吗？

治国必先治党，党兴才能国强。全面从严治党是新时代党的自我革命的伟大实践，是新时代党的建设的鲜明主题。现实中，有人认为全面从严治党束缚了党员干部的手脚，影响了他们干事创业的积极性，这种说法是不对的。推进强国建设，必须坚持党中央集中统一领导，切实加强党的建设。只要我们大力弘扬伟大建党精神，不忘初心使命，勇于自我革命，永远保持“赶考”的清醒和谨慎，驰而不息地推进全面从严治党，不断清除一切损害党的先进性和纯洁性的有害因素，不断清除一切侵蚀党的健康肌体的病原体，就一定能赢得人民拥护、巩固长期执政地位。全面从严治党的目的，是通过明方向、立规矩、正风气、强免疫，营造积极健康的政治生态和良好环境，使党员干部积极履职尽责、勇于担当作为。实际上，全面从严治党不是束缚了党员干部的手脚，而是为那些真正有担当、想干事、想干成事的党员干部指出了方向，明确了目标，划清了底线。可以说，全面从严治党是督促党员干部严于律己、遵纪守法的“紧箍咒”，更是鼓励他们冲锋在前、建功立业的“护身符”。同时，要健全完善容错纠错机制，坚持严管和厚爱结合、激励和约束并重，激发党员干部干事创业动力。全面从严治党是新时代党的建设的鲜明主题。我们要以永远在路上的坚韧和执着，推动全面从严治党向纵深发展，把党的伟大自我革命进行到底，推动党的二十大决策部署不折不扣贯彻落实，为以中国式现代化全面推进强国建设、民族复兴伟业提供坚强保障。

二、政治纪律常识

45. 什么是党的政治纪律？

党的政治纪律是各级党组织和全体党员在政治方向、政治立场、政治言论、政治行为方面必须遵守的规矩，是维护党的团结统一的根本保证。它对于维护党的团结统一具有根本性的保障作用，是加强党的政治建设的重要内容。严明党的纪律，首要的就是严明政治纪律。党的纪律是多方面的，但政治纪律是最重要、最根本、最关键的纪律，遵守党的政治纪律是遵守党的全部纪律的重要基础。

遵守党的政治纪律，最核心的就是坚持党的领导，旗帜鲜明讲政治，做政治上的明白人。《关于新形势下党内政治生活的若干准则》规定："全党必须牢固树立政治意识、大局意识、核心意识、看齐意识，自觉在思想上政治上行动上同党中央保持高度一致。"要把维护党中央权威和集中统一领导作为最根本的政治纪律和政治规矩，坚决贯彻执行党中央决策部署，经常同党中央对标对表，及时校正偏差，不打折、不变通、不走样，自觉在思想上政治上行动上同党中央保持高度一致。习近平总书记对遵守政治纪律提出了"五个必须"的具体要求："遵守政治纪律和政治规矩，必须维护党中央权威，在任何时候任何情况下都必须在思想上政治上行动上同党中央保持高度一致；必须维护党的团结，坚持五湖四海，团结一切忠实于党的同志；必须遵循组织程序，重大问题该请示的请示，该汇报的汇报，不允许超越权限办事；必须服从组织决定，决不允许搞非组织活动，不得违背组织决定；必须管好亲属和身边工作人员，不得默许他们利用特殊身份谋取非法利益。”[①] 严守党的政治纪律，要深刻领悟“两个确立”的决定性意义，增强“四个意识”、坚定“四个自信”、做到“两个维护”，始终在政治立场、政治方向、政治原则、政治道路上同党中央保持高度一致。

各级党组织和广大党员干部要牢固树立大局观念和全局意识，在大是大非面前、在政治原则问题上做到头脑特别清醒、立场特别坚定，决不当对党不忠诚不老实、阳奉阴违的两面派、两面人，决不拿党的原则做交易，破坏党的团结和集中统一，损害党内政治生态，削弱人民群众对我们党的信心、信任和依赖，阻碍党和人民事业顺利发展。我们党内有一些人无视党的政治纪律和政治规矩，习近平总书记把这些突出问题概括为“七个有之”，即一些人无视党的政治纪律和政治规矩，为了自己的所谓仕途，为了自己的所谓影响力，搞任人唯亲、排斥异己的有之，搞团团伙伙、拉帮结派的有之，搞匿名诬告、制造谣言的有之，搞收买人心、拉动选票的有之，搞封官许愿、弹冠相庆的有之，搞自行其是、阳奉阴违的有之，搞尾大不掉、妄议中央的也有之，如此等等。[②] 因此，党员干部要对“七个有之”问题高度警觉，时刻绷紧政治纪律这根弦，坚守信仰、站稳立场，始终把准政治方向。对党的决议和政策如有不同意见，在坚决执行的前提下，可以声明保留，并且可以把自己的

---

① 本书编写组：《保持反腐败高压态势不放松——十八届中央纪委五次全会精神学习辅导读本》，人民出版社 2015 年版，第 4 页。

② 中共中央党史和文献研究院编：《习近平关于依规治党论述摘编》，中央文献出版社 2022 年版，第 25 页。

意见向党的上级组织直至中央提出，这是党员的权利。但是，决不允许散布违背党的理论和路线方针政策的意见，决不允许公开发表违背中央决定的言论，决不允许泄露党和国家秘密，决不允许参与各种非法组织和非法活动，决不允许制造、传播政治谣言及丑化党和国家形象的言论。要防止和克服地方和部门保护主义、本位主义，决不允许“上有政策、下有对策”，决不允许有令不行、有禁不止，决不允许在贯彻执行中央决策部署上打折扣、做选择、搞变通。

46. 党员干部对党中央方针政策公然发表不当言论，违反什么纪律？

党员干部对党中央方针政策公然发表不当言论，违反政治纪律。《中国共产党纪律处分条例》第五十一条规定：“通过网络、广播、电视、报刊、传单、书籍等，或者利用讲座、论坛、报告会、座谈会等方式，有下列行为之一，情节较轻的，给予警告或者严重警告处分；情节较重的，给予撤销党内职务或者留党察看处分；情节严重的，给予开除党籍处分：（一）公开发表违背四项基本原则，违背、歪曲党的改革开放决策，或者其他有严重政治问题的文章、演说、宣言、声明等；（二）妄议党中央大政方针，破坏党的集中统一；（三）丑化党和国家形象，或者诋毁、诬蔑党和国家领导人、英雄模范，或者歪曲党的历史、中华人民共和国历史、人民军队历史。”“发布、播出、刊登、出版前款所列内容或者为上述行为提供方便条件的，对直接责任者和领导责任者，给予严重警告或者撤销党内职务处分；情节严重的，给予留党察看或者开除党籍处分。”

严禁公开发表反党言论，这是党员干部必须牢记的禁令。“七个有之”问题，其中之一就是尾大不掉、妄议中央。民主集中制是党的根本组织原则，要求必须实行正确的集中，保证全党的团结统一和行动一致，保证党的决定得到迅速而有效的贯彻执行。党中央在制定重大方针政策时，通过不同的渠道和方式，充分听取有关党组织和党员的意见建议，但是有些人“当面不说、背后乱说”“会上不说、会后乱说”“台上不说、台下乱说”，实际上不仅扰乱了人们的思想，还破坏了党的集中统一，妨碍党中央大政方针的贯彻落实，应当受到党纪处分。

47. 关于党员严禁制作、贩卖和传播有严重政治问题的资料，有怎样的纪律要求？

《关于新形势下党内政治生活的若干准则》强调：“全党必须坚决捍卫党的基本路线，对否定党的领导、否定我国社会主义制度、否定改革开放的言行，对歪曲、丑化、否定中国特色社会主义的言行，对歪曲、丑化、否定党的历史、中华人民共和国历史、人民军队历史的言行，对歪曲、丑化、否定党的领袖和英雄模范的言行，对一切违背、歪曲、否定党的基本路线的言行，必须旗帜鲜明反对和抵制。”为此，党员干部要严守政治纪律，不得制作、贩卖和传播有严重政治问题的资料。有严重政治问题的报刊、书籍、音像制品、电子读物，以及网络文本、图片、音频、视频资料等，一般是指：公开发表坚持资产阶级自由化立场、反对四项基本原则，反对党的改革开放决策的文章、演说、宣言、声明等的；公开发表违背四项基本原则，违背、歪曲党的改革开放决策，或者其他有严重政治问题的文章、演说、宣言、声明等的；妄议党中央大政方针，破坏党的集中统一的；丑化党和国家形象，或者诋毁、诬蔑党和国家领导人、英雄模范，或者歪曲党的历史、中华人民共和国历史、人民军队历史的。党员干部制作、贩卖和传播有严重政治问题的资料，不论是否有谋利的目的或结果，都构成违纪。

48. 党员干部可以对网络上的文章不加辨别随意转发吗？

网络行为是党员干部言行的重要组成部分。党员干部要发挥模范带头作用，在网络行为中坚持正确政治方向，自觉宣传党的理论和路线方针政策，积极践行社会主义核心价值观，传播正能量、弘扬主旋律，促进形成健康向上、风清气正的网络环境。中共中央宣传部、中共中央组织部、中央网信办联合印发的《关于规范党员干部网络行为的意见》明确规定，党员干部不准参与以下网络传播行为：发表违背党的基本路线，否定四项基本原则，歪曲党的政策，或者其他有严重政治问题的文章、演说、宣言、声明等；妄议中央大政方针，破坏党的集中统一；丑化党和国家形象，诋毁、污蔑党和国家领导人，歪曲党史、国史、军史，抹黑革命先烈和英雄模范；制造、传播各类谣言特别是政治类谣言，散布所谓“内部”消息和小道消息；出版、购买、传播非法出版物；宣扬封建迷信、淫秽色情；制作、传播其他有严重问题的文章、言论、音视频等信息内容。近年来，个别党员干部甚至领导干部在网络媒体、论坛或微博、微信上公开发布否定、歪曲党和国家大政方针的言论。而一些党员干部面对这些错误思想和言论，不但不旗帜鲜明地批评、纠正，反而转发扩散，造成恶劣影响，必须受到党纪严惩和处理。《中国共产党纪律处分条例》也严禁党员干部通过网络、广播、电视等方式公开发表坚持资产阶级自由化立场、反对四项基本原则、反对党的改革开放决策的文章、演说、宣言、声明等的行为，以及严禁妄议党中央大政方针，丑化党和国家形象，或者诋毁、诬蔑党和国家领导人、英雄模范，或者歪曲党的历史、中华人民共和国历史、人民军队历史的行为。

宪法赋予公民言论自由的权利，但网络空间并非法外之地。党员干部要规范网络行为，谨言慎行，共同营造风清气正的网络环境。

49. 为什么在重大原则问题上，要求全党必须同党中央保持高度一致？

在党的六项纪律中，政治纪律最重要、最根本、最关键。中国共产党的领导是中国特色社会主义最本质的特征，是中国特色社会主义制度的最大优势。遵守党的政治纪律和政治规矩，最核心、最根本的，就是坚持党的全面领导，坚持党的基本理论、基本路线、基本方略，同党中央保持高度一致，自觉维护党中央权威和集中统一领导。在这个重大政治原则问题上，全党每一个同志态度要非常鲜明，立场要非常坚定，行动要非常自觉，任何时候任何情况下都不能有丝毫含糊和动摇。《中国共产党问责条例》第七条规定，“党组织、党的领导干部违反党章和其他党内法规，不履行或者不正确履行职责”，“党的政治建设抓得不实，在重大原则问题上未能同党中央保持一致”，造成严重后果或者恶劣影响的，应当予以问责。《中国共产党纪律处分条例》第四十九条规定：“在重大原则问题上不同党中央保持一致且有实际言论、行为或者造成不良后果的，给予警告或者严重警告处分；情节较重的，给予撤销党内职务或者留党察看处分；情节严重的，给予开除党籍处分。”

全党要自觉在思想上政治上行动上同党中央保持高度一致，不断提高政治判断力、政治领悟力、政治执行力，坚决维护党中央权威和集中统一领导，确保党发挥总揽全局、协调各方的领导核心作用。同党中央保持高度一致必须是全面的。这就要求在思想上政治上行动上向党中央看齐，做到表里如一、知行合一。党员干部要做到：党中央提倡的坚决响应，党中央决定的坚决照办，党中央禁止的坚决杜绝，任何时候任何情况下都做到政治立场不移、政治方向不偏。

50. 党委（党组）及其领导班子成员落实全面从严治党责任，有哪些情形应追究责任？

党委（党组）应当根据党中央决策部署以及上级党组织决定，结合本地区本单位全面从严治党形势和任务，制定本地区本单位落实全面从严治党主体责任的年度任务安排。制定责任清单，具体明确党委（党组）及其书记和领导班子其他成员承担的全面从严治党责任。

《关于新形势下党内政治生活的若干准则》指出："必须严明党的纪律，把纪律挺在前面，用铁的纪律从严治党。"2020 年 3 月，中共中央办公厅发布的《党委（党组）落实全面从严治党主体责任规定》第二十二条规定："党委（党组）及其领导班子成员落实全面从严治党责任，有下列情形之一的，应当依规依纪追究责任：（一）贯彻执行党中央关于全面从严治党重大决策部署以及上级党组织有关决定不认真、不得力；（二）履行全面从严治党第一责任人职责、重要领导责任不担当、不作为；（三）本地区本单位政治意识淡化、党的领导弱化、党建工作虚化、责任落实软化，管党治党宽松软；（四）本地区本单位在管党治党方面出现重大问题或者造成严重后果；（五）其他应当追究责任的情形。"

51. 现实中对党不忠诚不老实，搞两面派、做两面人的党员干部有怎样的表现？

习近平总书记鲜明指出，"坚决反对搞两面派、做两面人"[①]。"搞两面派、做两面人"对党和国家的事业危害巨大，必须高度重视，坚决纠治。党章将"维护党的团结和统一，对党忠诚老实，言行一致，坚决反对一切派别组织和小集团活动，反对阳奉阴违的两面派行为和一切阴谋诡计"作为党员必须履行的义务，将"对党忠诚"写入入党誓词。《关于新形势下党内政治生活的若干准则》规定，"党的各级组织和全体党员必须对党忠诚老实、光明磊落，说

① 习近平：《决胜全面建成小康社会 夺取新时代中国特色社会主义伟大胜利——在中国共产党第十九次全国代表大会上的报告》，人民出版社 2017 年版，第 63 页。

老实话、办老实事、做老实人，如实向党反映和报告情况，反对搞两面派、做‘两面人’”。《中国共产党纪律处分条例》第五十八条规定：“对党不忠诚不老实，表里不一，阳奉阴违，欺上瞒下，搞两面派，做两面人，在政治上造成不良影响的，给予警告或者严重警告处分；情节较重的，给予撤销党内职务或者留党察看处分；情节严重的，给予开除党籍处分。”

“对党不忠诚不老实，搞两面派、做两面人”的党员领导干部有一个共同的特点，那就是台上一套、台下一套，人前一套、人后一套，表里不一，阳奉阴违，欺上瞒下。所谓“表里不一”，是指表面和内在不一致。如表面上服从党中央领导，坚决维护党中央权威，背后却对党中央大政方针说三道四、置若罔闻。所谓“阳奉阴违”，是指表面上遵从，暗地里违背。如表面上贯彻执行党中央决策部署，暗地里却根本不把中央命令和要求当回事，故意作出违背中央号令和要求的事情。所谓“欺上瞒下”，是指对上欺骗、博取信任，对下隐瞒、掩盖真相。这些行为，都是搞两面派、做两面人的具体表现。在实践中，两面派、两面人还有许多具体表现，如有的表面上信仰马列主义、高举理想信念的旗帜，背后却求神拜佛、信仰迷失；有的表面上废寝忘食、夙夜在公，背后却骄奢淫逸、腐化堕落；有的表面上任人唯贤、不拘一格，背后却任人唯亲、封官许愿、排斥异己；有的表面上大谈忠诚、遵守规矩，背后却是我行我素、阳奉阴违、另搞一套。

52. 为什么党员领导干部不能当老好人、搞无原则的一团和气？

近年来，一些党员领导干部奉行“好人主义”，做“一团和气”的“好好先生”，甚至还美其名曰“搞好团结”，实际上就是原则底线失守、责任担当缺失，不愿得罪人。一团和气、“好好先生”、你好我好大家好，这不是团结，而是涣散，也是一种麻痹。实践证明，搞无原则的“一团和气”，表面上看可以掩盖问题、掩饰矛盾，实际上却容易造成一个地区或单位软弱涣散、纪律松弛。

干部在政治上出问题，对党的危害不亚于腐败问题，有的甚至比腐败问题更严重，必须予以高度重视。既要对违反政治纪律和政治规矩的人予以严惩，也要对履行管党治党责任不力的党员领导干部予以惩处，发挥党纪处分在维护政治纪律和政治规矩方面的威慑作用，真正把政治纪律和政治规矩立起来、严起来，并通过抓住政治纪律这个纲，把严肃其他纪律带起来。《中国共产党纪律处分条例》第七十五条规定：“党员领导干部对违反政治纪律和政治规矩等错误思想和行为不报告、不抵制、不斗争，放任不管，搞无原则一团和气，造成不良影响的，给予警告或者严重警告处分；情节严重的，给予撤销党内职务或者留党察看处分。”

该条就是提醒那些放弃党性、忘记职责，只想当太平官，用一团和气代替团结、和谐，面对错误往往是睁一只眼闭一只眼的党员领导干部，做敢于斗争、善于斗争的战士，要一身正气，敢于同歪风邪气作斗争，守住底线，坚决同身边违法乱纪行为作斗争。

53. 共产党员能不能信仰宗教？

共产党员不能信仰宗教。国家保护正常的宗教活动，群众信仰宗教并参加宗教活动不受干涉。共产党员具有更高的政治觉悟、政治信仰，共产党员要做坚定的马克思主义无神论者，严守党章规定，坚定理想信念，牢记党的宗旨，绝不能在宗教中寻找自己的价值和信念。党员信仰宗教，则表明其信仰缺失、精神迷茫、党性修养不足和宗旨意识淡薄，甚至丧失党员条件。

54. 对信仰宗教的党员，应怎么处理？

《中国共产党党员教育管理工作条例》规定，党员“信仰宗教，经党组织帮助教育仍没有转变的，劝其退党，劝而不退的予以除名”。《中国共产党纪律处分条例》第六十九条规定：“对信仰宗教的党员，应当加强思想教育，要求其限期改正；经党组织帮助教育仍没有转变的，应当劝其退党；劝而不退的，予以除名；参与利用宗教搞煽动活动的，给予开除党籍处分。”现实中，一些党员不信马列主义，心思不在工作和事业上，带头信教，成了宗教信徒，必须严肃对待和处理。

55. 党员干部是否可以参加具有宗教色彩的民俗活动？

党员干部不得参加宗教活动。但在具体实践中，不应把党员干部参加某些具有宗教色彩的民族风俗习惯活动视为其参加宗教活动。在我国一些少数民族地区，有些民族风俗和仪式具有宗教色彩。因此，在这些少数民族地区执行党员干部不参加宗教活动的规定，应当按照具体情况区别对待。

事实上，一些民族的许多传统婚丧仪式和群众性节日活动虽然含有宗教的传统和色彩，但实质上已成为当地的民俗、习俗的重要内容。党员干部参加这类活动，就不能认为是参加宗教活动。

56. 对组织利用宗教搞煽动活动的行为，有怎样的纪律处分？

党章总纲规定："全面贯彻党的宗教工作基本方针，团结信教群众为经济社会发展作贡献。"《关于新形势下党内政治生活的若干准则》规定，"不准纵容和支持宗教极端势力、民族分裂势力、暴力恐怖势力及其活动"。组织、利用宗教活动反对党的路线方针政策和决议，破坏民族团结，是一种严重违反党的政治纪律的行为，必须受到党纪严惩。《中国共产党纪律处分条例》第六十八条规定："组织、利用宗教活动反对党的理论、路线、方针、政策和决议，破坏民族团结的，对策划者、组织者和骨干分子，给予开除党籍处分。""对其他参加人员，给予撤销党内职务或者留党察看处分；情节严重的，给予开除党籍处分。""对不明真相被裹挟参加，经批评教育后确有悔改表现的，可以免予处分或者不予处分。""有其他违反党和国家宗教政策的行为，情节较轻的，给予警告或者严重警告处分；情节较重的，给予撤销党内职务或者留党察看处分；情节严重的，给予开除党籍处分。"《中华人民共和国公职人员政务处分法》对“挑拨、破坏民族关系，或者参加民族分裂活动”“利用宗教活动破坏民族团结和社会稳定”的公职人员予以处分，对策划者、组织者和骨干分子，予以开除。

57. 党员干部组织或参加迷信活动，违反了什么纪律?

广义上说，迷信是指人们对于事物盲目地信仰或崇拜。狭义的迷信，按照中华人民共和国成立以后约定俗成的习惯，专指人们信星占、卜巫、风水、命相和鬼神等的思想和行为。在科学日渐昌明的今天，迷信乃愚昧之产物已成社会共识，但仍有少数党员干部不信马列信鬼神、不信科学信风水，深陷其中不能自拔。

党员干部组织或参加迷信活动违反了政治纪律。党规党纪中对公然组织或参加封建迷信活动有铁的约束。《中国共产党纪律处分条例》第七十条把党员干部“搞封建迷信”分为“组织迷信活动”和“参加迷信活动或者个人搞迷信活动”两种情形。第一种情形是“组织迷信活动的，给予撤销党内职务或者留党察看处分；情节严重的，给予开除党籍处分”。第二种情形是“参加迷信活动或者个人搞迷信活动，造成不良影响的，给予警告或者严重警告处分；情节较重的，给予撤销党内职务或者留党察看处分；情节严重的，给予开除党籍处分”。同时，还规定“对不明真相的参加人员，经批评教育后确有悔改表现的，可以免予处分或者不予处分”。《中共中央关于加强党的政治建设的意见》也明确指出，要坚定理想信念，牢固树立共产主义远大理想和中国特色社会主义共同理想，挺起共产党人的精神脊梁，坚决防止不信马列信鬼神。作为党员干部，必须拧紧理想信念这个“总开关”，坚守共产党人的精神家园，自觉把学习政治理论作为终身任务，学深悟透，真正把政治理论内化于心、外化于行，带头摈弃迷信思想，远离迷信温床，净化社会风气。

58. 公开发表反对四项基本原则和改革开放言论的违纪与违法的界限是什么?

党章明确规定：“坚持社会主义道路、坚持人民民主专政、坚持中国共产党的领导、坚持马克思列宁主义毛泽东思想这四项基本原则，是我们的立国之本。在社会主义现代化建设的整个过程中，必须坚持四项基本原则，反对资产阶级自由化。”“坚持改革开放，是我们的强国之路。”《关于新形势下党内政治生活的若干准则》规定，“全党必须坚决捍卫党的基本路线，对否定党的领导、否定我国社会主义制度、否定改革开放的言行”，“对一切违背、歪曲、否定党的基本路线的言行，必须旗帜鲜明反对和抵制”。

党员干部坚持资产阶级自由化立场，反对四项基本原则，反对改革开放，说明其已背弃了理想信念，背离了党的性质和宗旨，背叛了党的事业，完全丧失了共产党员的资格，严重违反党的政治纪律，应当受到纪律处分。《中国共产党纪律处分条例》第五十条规定：“通过网络、广播、电视、报刊、传单、书籍等，或者利用讲座、论坛、报告会、座谈会等方式，公开发表坚持资产阶级自由化立场、反对四项基本原则，反对党的改革开放决策的文章、演说、宣言、声明等的，给予开除党籍处分。”刑法规定了颠覆国家政权罪、煽动颠覆国家政权罪，凡是组织、策划、实施颠覆国家政权、推翻社会主义制度的，或者以造谣、诽谤或者其他方式煽动颠覆国家政权、推翻社会主义制度的，均构成犯罪，应当依法追究刑事责任。因此，如果公开发表反对四项基本原则和改革开放的言论，其目的是颠覆国家政权或者煽动颠覆国家政权、推翻社会主义制度，则涉嫌违法犯罪，应当依照《中国共产党纪律处分条例》规定的纪法衔接条款处理。

59. 如何看待不顾党和国家大局，搞部门或者地方保护主义的违纪行为？

部门和地方保护主义，是指某些部门和地方政府为了保护部门自身利益和地方局部经济利益或政治利益，违背中央的决策和国家的政策，在利益驱动下，利用行政权力干预经济、干预司法、滥用公权谋取私利，滥用或消极行使手中权力，以维护或扩大该部门或该地区的局部利益。从本质上看，部门和地方保护主义是个别部门和地方政府只顾局部利益，不顾国家和集体利益，在管理活动中滥用行政权力的表现。《关于新形势下党内政治生活的若干准则》规定，党员、干部必须顾全大局，自觉维护社会和谐稳定。各部门和各地区需要提高政治站位，增强系统思维和大局观念，严禁部门和地方保护主义的事件和案件发生。各部门、各地区要正确处理局部和全局的关系，让“局部”服从于“大局”和“全局”，坚决破除地方保护主义，主动纠治不当市场干预行为，要在更大范围内有效配置资源。有关部门要坚持主动作为，坚决破除本位主义，对本行业、本领域存在的突出问题，狠抓督促整改，营造公平竞争的环境，推进高水平开放取得新成效。

部门和地方保护主义是影响经济发展环境的突出问题。当前，促进国内大循环，加快建设高效规范、公平竞争、充分开放的全国统一大市场，存在堵点，部门和地方保护主义是重要原因。搞部门和地方保护主义，损害了地方的形象，造成了不良影响。因此，要加大查处这类事件和案件的力度，对搞部门和地方保护主义的行为，《中国共产党纪律处分条例》第五十六条规定，“不顾党和国家大局，搞部门或者地方保护主义的”，视情节轻重，予以相应的党纪处分。

60. 怎样理解和把握保障贯彻新发展理念、推动高质量发展的党纪要求？

2023 年修订的《中国共产党纪律处分条例》第五十七条增写“党员领导干部政绩观错位，违背新发展理念、背离高质量发展要求，给党、国家和人民利益造成较大损失的，给予警告或者严重警告处分；情节较重的，给予撤销党内职务或者留党察看处分；情节严重的，给予开除党籍处分”的规定，对较为抽象的政绩观问题予以具体化，进一步明确和优化党纪处分的依据，为更好地全面落实新发展理念、推动高质量发展提供了坚强的党纪保障。

高质量发展是全面建设社会主义现代化国家的首要任务，是新时代的硬道理，是开启全面建设社会主义现代化国家新征程、实现第二个百年奋斗目标的根本路径。为此，各级党组织和广大党员干部要把新发展理念内化于心、外化于行，加快构建新发展格局，把握未来发展主动权。坚持求真务实、真抓实干，出实招、使实劲、求实效，努力实现创新成为第一动力、协调成为内生特点、绿色成为普遍形态、开放成为必由之路、共享成为根本目的的高质量发展，推动经济发展质量变革、效率变革、动力变革。要力戒形式主义、官僚主义，不能违背新发展理念、背离高质量发展要求，找准发展中面临的矛盾，坚持问题导向、目标导向，加快推动各方面工作转入高质量发展轨道。

61. 热衷于搞“形象工程”“政绩工程”，只是政绩观问题吗？

党章明确规定，党员领导干部要“树立正确政绩观，做出经得起实践、人民、历史检验的实绩”。政绩观是否端正，不仅影响干部个人成长，更关系事业发展、人民福祉。2024 年初，电视专题片《持续发力 纵深推进》披露了陈家东等违纪违法党员领导干部搞劳民伤财“政绩工程”的案例。福建省厦门市人大常委会原主任陈家东担任漳州市委书记期间，花费 2.11 亿元打造 6 座仿古驿站，有的冷冷清清，有的成了“半拉子工程”……现实中，像陈家东这样不顾群众意愿，盲目铺摊子、上项目，大搞“形象工程”“政绩工程”的现象并非个例，广大群众对此深恶痛绝。这样的党员领导干部之所以肆意妄为，一个重要原因是，他们认为这只是政绩观层面的认识问题，出了事没啥大不了的。

《关于新形势下党内政治生活的若干准则》明确指出：“对一切

搞劳民伤财的‘形象工程’和‘政绩工程’的行为，要严肃问责追责，依纪依法处理。”2023 年修订的《中国共产党纪律处分条例》在总则中要求党组织和党员“切实践行正确的权力观、政绩观、事业观”，在分则中充实“党员领导干部政绩观错位，违背新发展理念、背离高质量发展要求”的处分规定，将搞劳民伤财的“形象工程”“政绩工程”行为由 2018 年版中归为“违反群众纪律”调整到“违反政治纪律”。第五十七条规定：“党员领导干部政绩观错位，违背新发展理念、背离高质量发展要求，给党、国家和人民利益造成较大损失的，给予警告或者严重警告处分；情节较重的，给予撤销党内职务或者留党察看处分；情节严重的，给予开除党籍处分。”“搞劳民伤财的‘形象工程’、‘政绩工程’的，从重或者加重处分。”由此可见，搞“形象工程”“政绩工程”造成一定后果的，是违纪行为。

党员领导干部要真正树立和践行正确政绩观，不慕虚荣，不务虚功，不图虚名，切实做到为官一任、造福一方。把心思和精力放在干工作、抓落实上，尊重客观规律，按客观规律办事，脚踏实地工作，不断提高履职尽责的能力和水平，凝心聚力促发展，驰而不息抓落实，立足岗位作贡献，努力创造经得起实践、人民、历史检验的实绩。

62. 党员有控告权吗？

党员有控告权。党章规定，党员有“向党的上级组织直至中央提出请求、申诉和控告，并要求有关组织给以负责的答复”的权利。党员有权向党组织负责地揭发、检举党的任何组织和任何党员的违纪违法事实，提出处理、处分有违纪违法行为的党组织和党员的要求。《中国共产党党员权利保障条例》第十九条规定："党员有党内控告权，合法权益受到党组织或者其他党员侵害的，有权向本人所在党组织、上级党组织直至中央提出控告，要求对侵害其合法权益的行为依规依纪进行处理。"党员行使控告权，应当通过组织渠道，不得随意扩散传播、网络散布，不得夸大和歪曲事实，更不得捏造事实、诬告陷害。

63. 对党组织和党员的哪些行为，可以向纪检监察机关提出检举控告？

任何组织和个人对以下行为，有权向纪检监察机关提出检举控告：（一）党组织、党员违反政治纪律、组织纪律、廉洁纪律、群众纪律、工作纪律、生活纪律等党的纪律行为；（二）监察对象不依法履职，违反秉公用权、廉洁从政从业以及道德操守等规定，涉嫌贪污贿赂、滥用职权、玩忽职守、权力寻租、利益输送、徇私舞弊以及浪费国家资财等职务违法、职务犯罪行为；（三）其他依照规定应当由纪检监察机关处理的违纪违法行为。

64. 检举控告基层党员干部有哪些规定？

处理检举控告，是我们党倾听党员和群众呼声、依靠人民群众开展反腐败工作的重要方式，是纪检监察机关贯彻党的群众路线、保障党员民主权利的重要举措。《纪检监察机关处理检举控告工作规则》第十一条规定："检举控告工作按照管理权限实行分级受理：（一）中央纪委国家监委受理反映中央委员、候补中央委员，中央纪委委员，中央管理的领导干部，党中央工作机关、党中央批准设立的党组（党委），各省、自治区、直辖市党委、纪委等涉嫌违纪或者职务违法、职务犯罪问题的检举控告。（二）地方各级纪委监委受理反映同级党委委员、候补委员，同级纪委委员，同级党委管理的党员、干部以及监察对象，同级党委工作机关、党委批准设立的党组（党委），下一级党委、纪委等涉嫌违纪或者职务违法、职务犯罪问题的检举控告。（三）基层纪委受理反映同级党委管理的党员，同级党委下属的各级党组织涉嫌违纪问题的检举控告；未设立纪律检查委员会的党的基层委员会，由该委员会受理检举控告。""各级纪委监委按照管理权限受理反映本机关干部涉嫌违纪或者职务违法、职务犯罪问题的检举控告。"

第十二条规定："对反映党的组织关系在地方、干部管理权限在主管部门的党员、干部以及监察对象涉嫌违纪或者职务违法、职务犯罪问题的检举控告，由设在主管部门、有管辖权的纪检监察机关受理。地方纪检监察机关接到检举控告的，经与设在主管部门、有管辖权的纪检监察机关协调，可以按规定受理。"

65. 检举控告人享有哪些权利，应当履行哪些义务？

检举控告人享有以下权利：（一）对党组织和党员、干部以及监察对象涉嫌违纪违法的行为提出检举控告；（二）申请与检举控告事项相关的工作人员回避；（三）对受理机关以及处理检举控告工作人员的失职渎职等违纪违法行为提出检举控告；（四）因检举控告致其合法权利受到威胁或者侵害的，可以提出保护申请；（五）检举控告严重违纪违法问题，经查证属实的，按规定获得表扬或者奖励；（六）党内法规和法律法规规定的其他权利。

检举控告人应当履行以下义务：（一）如实提供所掌握的全部情况和证据，对检举控告内容的真实性负责，不得夸大、歪曲事实，不得诬告陷害他人；（二）自觉维护社会公共秩序和信访秩序，不得损害党、国家和人民的利益以及公民个人的合法权利；（三）接受党组织、单位的正确处理意见，不得提出党内法规和法律法规规定以外的要求；（四）对反馈的处理结果等情况予以保密；（五）党内法规和法律法规规定的其他义务。

66. 被检举控告人享有哪些权利，应当履行哪些义务？

被检举控告人享有以下权利：（一）对被检举控告的问题作出说明、辩解；（二）基层党组织讨论决定对自身处理、处分时，可以参加和进行申辩；（三）申请反馈核查处理结论；（四）对所受处理、处分不服的，可以申诉或者申请复审；（五）对受理机关以及处理检举控告工作人员的失职渎职等违纪违法行为提出检举控告；（六）党内法规和法律法规规定的其他权利。

被检举控告人应当履行以下义务：（一）正确对待检举控告，有则改之、无则加勉，习惯在受监督和约束的环境中工作生活；

（二）相信组织、依靠组织，配合做好了解核实工作，实事求是说明问题，不得对抗审查调查；（三）尊重检举控告人和处理检举控告工作人员，不得进行打击报复；（四）党内法规和法律法规规定的其他义务。

67. 制造、散布、传播政治谣言行为有怎样的危害？

所谓“政治谣言”，是指有关政治事件、政治人物、政治原则、政治活动等方面缺乏事实根据的虚假传言。“制造、散布、传播政治谣言”，是指个别党员干部出于各种动机和目的，明知自己所说的政治方面的问题无事实根据，却无中生有地编造出来；或者明知别人所说的是不足为凭的政治谣言，却到处加以散布、传播，损害党的形象。《关于新形势下党内政治生活的若干准则》中关于“严明党的政治纪律”有明确规定：“不准制造、传播政治谣言及丑化党和国家形象的言论。”制造、散布、传播政治谣言，会使人们分不清事实，失去判断的标准和行动的方向，造成严重的社会政治问题，影响社会稳定，引起社会震荡，影响国家形象，损害国家利益，会破坏党的团结统一，削弱党中央权威，破坏党的集中统一领导，破坏党的凝聚力和战斗力，必须受到党纪的严惩。

《中国共产党纪律处分条例》第五十九条规定：“制造、散布、传播政治谣言，破坏党的团结统一的，给予警告或者严重警告处分；情节较重的，给予撤销党内职务或者留党察看处分；情节严重的，给予开除党籍处分。”党员干部严禁制造、发布和传播谣言等不实信息，应自觉抵制网络谣言和各类有害信息，坚决杜绝造谣传谣等违法违规行为。

68. 什么是诬告陷害行为，对诬告陷害的哪些情形应当从重处理？

采取捏造事实、伪造材料等方式反映问题，意图使他人受到不良政治影响、名誉损失或者责任追究的，属于诬告陷害。认定诬告陷害，应当经设区的市级以上党委或者纪检监察机关批准。纪检监察机关应当加强对检举控告的分析甄别，注意发现异常检举控告行为，有重点地进行查证。属于诬告陷害的，依规依纪依法严肃处理，或者移交有关机关依法处理。

《纪检监察机关处理检举控告工作规则》第四十一条规定："诬告陷害具有以下情形之一，应当从重处理：（一）手段恶劣，造成不良影响的；（二）严重干扰换届选举或者干部选拔任用工作的；（三）经调查已有明确结论，仍诬告陷害他人的；（四）强迫、唆使他人诬告陷害的；（五）其他造成严重后果的。"

69. 党员能否采取联名或匿名的方式向上级党组织反映情况？

党章规定，党员可以"对党的工作提出建议和倡议""向党负责地揭发、检举党的任何组织和任何党员违法乱纪的事实，要求处分违法乱纪的党员，要求罢免或撤换不称职的干部""向党的上级组织直至中央提出请求、申诉和控告，并要求有关组织给以负责的答复”。党员只要不违背上述规定，无论以个人名义还是联名向上级党组织反映情况，检举、揭发问题，都是允许的，这对于上级组织如实了解下情，及时处理问题，有一定的好处，不能看作是非组织活动。

党员向上级党组织反映情况，检举、揭发问题，应当认真负责、实事求是，并敢于承担责任，不应采取匿名的方式，以免给组织造成不必要的麻烦。但如果出于某种原因，党员用匿名信反映情况，检举、揭发问题也是允许的。对匿名信不能一概否定，而应坚持实事求是的原则，区别情况，慎重处理。对于怀着不可告人的目的，采取不正当手法，以联名或匿名的方式诬陷他人，搞阴谋活动，向组织施加压力，是不能容许的。对这种情况，必须认真查实，严肃处理。

70. 如何区分诬告陷害他人违纪与诬告陷害罪？

《中国共产党纪律处分条例》第五十九条规定，“政治品行恶劣，匿名诬告，有意陷害或者制造其他谣言，造成损害或者不良影响的”，应当给予纪律处分。条例规定的诬告陷害行为指的是党员故意捏造事实，向有关机关或者相关单位告发，意图使他人受到纪律追究，依照党内法规应当受到党纪责任追究的行为。而刑法规定的诬告陷害罪，是指捏造事实，向国家机关或有关单位作虚假告发，意图陷害他人，欲使他人受刑事追究的行为。

两者的区别主要在于意图不同，诬告陷害的违纪行为是意图使他人受到党纪追究，而诬告陷害罪则意图使他人受到刑事追究。判定行为人意图，则主要根据行为人捏造事实的内容：如果捏造的事实涉嫌犯罪且向司法机关告发，一般则属于意图使他人受到刑事追究；如果捏造的事实属于根本不涉及犯罪的一般内容且向有关党组织、政府有关部门等告发，一般则认为是意图使他人受到纪律追究。党员捏造事实涉嫌犯罪且向司法机关告发的，则属于党员有刑法规定的行为，应当根据情况适用《中国共产党纪律处分条例》规定的纪法衔接条款进行处理。

“匿名诬告、制造谣言”是习近平总书记指出的“七个有之”政治隐患问题之一。中共中央办公厅印发的《纪检监察机关处理检举控告工作规则》，对查处诬告陷害行为作出了明确规定，要求对诬告陷害行为依规依纪依法严肃处理，对手段恶劣、造成不良影响的，严重干扰换届选举或者干部选拔任用工作的，经调查已有明确结论，仍诬告陷害他人的，强迫、唆使他人诬告陷害的，从重处理，将查处的诬告陷害典型案件通报曝光，狠刹歪风，激扬正气。

71. 如何界定诬告陷害行为与党员行使检举控告权利的界限？

根据党章、《关于新形势下党内政治生活的若干准则》和《中国共产党党员权利保障条例》等规定，检举、控告权利是党员的基本权利，党员有权以口头或书面方式向党的各级组织直至中央负责地揭发、检举党的任何组织和任何党员违纪违法的事实；有权要求处分违纪违法党员；有权要求党的组织罢免或撤换不称职党员领导干部。党员在行使这些权利时应当受到保护，任何人不得侵犯。《中国共产党纪律处分条例》将党员匿名诬告、有意陷害等行为划分为违反政治纪律的行为，更加突出了纪律的政治属性。同时，党员不得捏造或者歪曲事实诬告陷害他人。党员反映他人的问题，也不能不负责任、毫无根据地任意批评他人，不准散布小道消息，不准散发匿名信，更不允许诬告陷害他人，应该通过党内正常渠道实名进行。党组织既要严肃处理对举报者的压制、刁难行为特别是打击报复行为，又要严肃追查处理诬告陷害行为。

在实践中，判断党员的检举控告是否构成诬告陷害，要具体情况具体分析，如果举报的情况属实或者基本属实，则不能认定为诬告陷害行为。如果举报的情况不实，则要区分是错告还是诬告，属于错告的，应当予以澄清，但不认定为诬告陷害行为。如果确实属于诬告陷害他人的行为，则应当依据《中国共产党纪律处分条例》第五十九条规定追究党纪责任。

72. 需按规定向组织请示报告的重大事项有哪些?

《中国共产党纪律处分条例》第六十一条规定："不按照有关规定向组织请示、报告重大事项，对直接责任者和领导责任者，情节较重的，给予警告或者严重警告处分；情节严重的，给予撤销党内职务或者留党察看处分。"重大事项，是指超出党组织和党员、领导干部自身职权范围，或者虽在自身职权范围内但关乎全局、影响广泛的重要事情和重要情况，包括党组织贯彻执行党中央决策部署和上级党组织决定、领导经济社会发展事务、落实全面从严治党责任，党员履行义务、行使权利，领导干部行使权力、担负责任的重要事情和重要情况。

73. 开展重大事项请示报告工作，应当遵循什么原则?

《中国共产党重大事项请示报告条例》第四条规定："开展重大事项请示报告工作应当遵循以下原则：（一）坚持政治导向。树牢'四个意识'，落实'四个服从'，把请示报告作为重要政治纪律和政治规矩，把讲政治要求贯彻到请示报告工作全过程和各方面。（二）坚持权责明晰。既牢记授权有限，该请示的必须请示，该报告的必须报告；又牢记守土有责，该负责的必须负责，该担当的必须担当。（三）坚持客观真实。全面如实请示报告工作、反映情况、分析问题、提出建议，既报喜又报忧、既报功又报过、既报结果又报过程。（四）坚持规范有序。落实依规治党要求，严格按照党章党规规定的主体、范围、程序和方式开展重大事项请示报告工作。"

74. 党员应当向党组织请示、报告的事项有哪些?

党员应当向党组织请示下列事项：（一）从事党组织所分配的工作中的重要问题；（二）代表党组织发表主张或者作出决定；（三）按照规定需要请示的涉外工作交往活动；（四）转移党的组织关系；（五）其他应当向党组织请示的事项。

党员应当向党组织报告下列事项：（一）贯彻执行党组织决议以及完成党组织交办工作任务情况；（二）对党的工作和领导干部的意见建议；（三）发现党员、领导干部违纪违法线索情况；（四）流动外出情况；（五）其他应当向党组织报告的事项。

75. 领导干部应当向党组织请示、报告的事项有哪些？

领导干部应当向党组织请示下列事项：（一）超出自身职权范围，应当由所在党组织或者上级党组织作出决定的重大事项；（二）属于自身职权范围但事关重大的问题和情况；（三）代表党组织对外发表重要意见；（四）因故无法履职或者离开工作所在地；（五）其他应当向党组织请示的事项。

领导干部应当向党组织报告下列事项：（一）学习贯彻习近平新时代中国特色社会主义思想，贯彻落实党中央决策部署和党组织决定中的重要情况和问题；（二）遵守政治纪律和政治规矩，坚决维护习近平总书记党中央的核心、全党的核心地位，坚决维护党中央权威和集中统一领导情况；（三）坚持民主集中制，发扬党内民主，正确行使权力，参与集体领导情况；（四）参加领导班子民主生活会和所在党支部（党小组）组织生活会情况；（五）履行管党治党责任，加强党风廉政建设和反腐败工作以及遵守廉洁纪律情况；（六）重大决策失误或者应对突发事件处置失当，纪检监察、巡视巡察和审计中发现重要问题，以及违纪违法情况；（七）可能影响正常履职的重大疾病等情况；（八）其他应当向党组织报告的事项。

76. 落实巡视巡察工作部署的纪律要求是什么？

巡视巡察是全面从严治党的重大举措，是党内监督的战略性制度安排。巡视巡察本质上是政治监督、组织监督、纪律监督，充分发挥巡视利剑作用，切实把全面从严治党要求落到实处。各级党组织和党员领导干部，要切实提高政治站位，不折不扣落实巡视巡察工作部署。《中国共产党巡视工作条例》第十五条规定：“被巡视党组织领导班子及其成员应当自觉接受巡视监督，积极配合巡视工作。”认真对待整改反馈，切实落实整改要求，要立行立改，落地见效。《中国共产党巡视工作条例》第四十六条规定：“被巡视党组织及其工作人员有下列情形之一的，视情节轻重，依据有关规定对该党组织领导班子主要负责人或者其他有关责任人员，给予批评教育、责令检查、诫勉、组织处理或者党纪、政务处分；构成犯罪的，依法追究刑事责任：（一）隐瞒不报或者故意向巡视组提供虚假情况；（二）拒绝或者不按照要求向巡视组提供有关文件材料；（三）指使、强令有关单位或者人员干扰、阻挠巡视工作，或者诬告、陷害他人；（四）组织领导巡视整改不力，落实巡视整改要求不到位，敷衍应付、虚假整改；（五）对反映问题的干部群众进行威胁、打击、报复、陷害；（六）其他不配合或者干扰巡视工作的情形。”这些规定，为被巡视巡察党组织落实巡视巡察工作部署划出了法纪底线。

党员干部不得泄露、扩散或者打探、窃取巡视巡察尚未公开事项或者其他应当保密的内容，不得私自留存涉及党组织关于巡视巡察方面的资料，不得干扰巡视巡察工作或者不落实巡视巡察整改要求。若违反上述规定，视情节轻重，予以相应的纪律处分。

77. 对抗组织审查的情形有哪几种？

党员干部在任何时候都要做到对党忠诚老实，特别是在犯错误后，更应当相信组织、依靠组织，认真反省检讨，积极配合组织查清事实，决不能欺骗组织、对抗审查，妄图以此逃避处理。《中国共产党纪律处分条例》第六十三条规定，党员干部对抗组织审查的行为主要有以下五种：“（一）串供或者伪造、销毁、转移、隐匿证据；（二）阻止他人揭发检举、提供证据材料；（三）包庇同案人员；（四）向组织提供虚假情况，掩盖事实；（五）其他对抗组织审查行为。”

78. 党员可以参加合法的集会、游行、示威吗？

《中国共产党纪律处分条例》第六十四条规定：“未经组织批准参加其他集会、游行、示威等活动，情节较轻的，给予警告或者严重警告处分；情节较重的，给予撤销党内职务或者留党察看处分；情节严重的，给予开除党籍处分。”因此，党员应当严守政治纪律和组织纪律，未经组织批准不得参加任何集会、游行、示威活动，包括合法的集会、游行、示威。如果参加了反对党的基本理论、基本路线、基本方略或者重大方针政策的集会、游行、示威，更是严重违纪行为，会受到党纪严惩。

《中国共产党纪律处分条例》第六十四条同时规定：“组织、参加反对党的基本理论、基本路线、基本方略或者重大方针政策的集会、游行、示威等活动的，或者以组织讲座、论坛、报告会、座谈会等方式，反对党的基本理论、基本路线、基本方略或者重大方针政策，造成严重不良影响的，对策划者、组织者和骨干分子，给予开除党籍处分。”“对其他参加人员或者以提供信息、资料、财物、场地等方式支持上述活动者，情节较轻的，给予警告或者严重警告处分；情节较重的，给予撤销党内职务或者留党察看处分；情节严重的，给予开除党籍处分。”“对不明真相被裹挟参加，经批评教育后确有悔改表现的，可以免予处分或者不予处分。”

79. 如何处理落实全面从严治党主体责任失职失责行为？

全面建设社会主义现代化国家、全面推进中华民族伟大复兴，关键在党。全面从严治党是党永葆生机活力、走好新的赶考之路的必由之路，是新时代管党治党、治国理政的重要经验和鲜明标识。《中国共产党问责条例》第四条规定：“党委（党组）应当履行全面从严治党主体责任，加强对本地区本部门本单位问责工作的领导，追究在党的建设、党的事业中失职失责党组织和党的领导干部的主体责任、监督责任、领导责任。”第七条规定，“党组织、党的领导干部违反党章和其他党内法规，不履行或者不正确履行职责”，有“全面从严治党主体责任、监督责任落实不到位”等情形，造成严重后果的，应当予以问责。

所谓“不履行或者不正确履行”主体责任和监督责任，是指党组织在管党治党方面失职、渎职，不履行全面从严治党主体责任或者履行主体责任不力，造成严重损害或者严重不良影响的行为。党中央出台《党委（党组）落实全面从严治党主体责任规定》，对各级党委（党组）切实担负全面从严治党主体责任作出明确规定。党委主体责任和纪委监督责任是全面从严治党责任的两个重要方面，是党章赋予的法定职责。在全面从严治党责任体系中，主体责任和监督责任二者是有机整体，不能相互替代，必须做到主体责任、监督责任贯通融合、一体落实、相互促进。党委（党组）落实全面从严治党主体责任，应当遵循以下原则：（一）坚持紧紧围绕加强和改善党的全面领导；（二）坚持全面从严治党各领域各方面各环节全覆盖；（三）坚持真管真严、敢管敢严、长管长严；（四）坚持全面从严治党过程和效果相统一。2023 年 12 月修订的《中国共产党纪律处分条例》第二条指导思想中增写“贯彻全面从严治党战略方针”，第四条工作原则中对“把严的基调、严的措施、严的氛围长期坚持下去”作出总体规定，第七十四条规定：“不履行全面从严治党主体责任、监督责任或者履行全面从严治党主体责任、监督责任不力，给党组织造成严重损害或者严重不良影响的，对直接责任者和领导责任者，给予警告或者严重警告处分；情节严重的，给予撤销党内职务或者留党察看处分。”

80. 对“一把手”和领导班子监督的重点是什么？

加强对主要领导干部和领导班子的监督，是新时代坚持和加强党的全面领导，提高党的建设质量，推动全面从严治党向纵深发展的必然要求。《中国共产党党内监督条例》第十七条规定：“党内监督必须加强对党组织主要负责人和关键岗位领导干部的监督，重点监督其政治立场、加强党的建设、从严治党，执行党的决议，公道正派选人用人，责任担当、廉洁自律，落实意识形态工作责任制情况。”“一把手”是党的事业发展的领头雁，各级党委（党组）要加强对所管理的领导干部特别是主要领导干部的监督，上级“一把手”必须抓好下级“一把手”。《中共中央关于加强对“一把手”和领导班子监督的意见》明确指出：加强对“一把手”和领导班子监督，要全面落实党内监督制度，突出政治监督，重点强化对“一把手”和领导班子对党忠诚，践行党的性质宗旨情况的监督；强化对贯彻落实党的路线方针政策和党中央重大决策部署，践行“两个维护”情况的监督；强化对立足新发展阶段、贯彻新发展理念、构建新发展格局，推动高质量发展情况的监督；强化对落实全面从严治党主体责任和监督责任情况的监督；强化对贯彻执行民主集中制、依规依法履职用权、担当作为、廉洁自律等情况的监督，做到真管真严、敢管敢严、长管长严。

各级领导干部要从政治上认识领导职责中包含监督职责，增强监督意识，履行监督责任；正确对待党组织和群众的监督，勇于纠正错误，切实改进工作；习惯在受监督和约束的环境中工作生活，主动接受监督，决不能拒绝监督、逃避监督。“一把手”要自觉置身党组织和群众监督之下，强化责任担当，加强对领导班子其他成员和下级领导干部的监督。

三、组织纪律常识

81. 什么是党的组织纪律？

党的力量来自组织。高度重视组织建设，是中国共产党的政治优势和优良传统。我们党建立了包括党的中央组织、地方组织、基层组织在内的严密组织体系，这是世界上任何其他政党都不具有的强大优势。党的全面领导、党的全部工作要靠党的坚强组织体系去实现。组织纪律是规范和处理党的各级组织之间、党组织与党员之间以及党员与党员之间关系的行为规则，是维护党的集中统一、保持党的战斗力的重要保证。组织严密、纪律严明是我们党的巨大优势。过去战争年代我们打胜仗，靠的是这一条；现在我们推进强国建设、民族复兴，同样离不开这一条。党员干部要强化党的意识和组织观念，恪守组织纪律“硬杠杠”，履行对党忠诚义务，自觉做到思想上认同组织、政治上依靠组织、工作上服从组织、感情上信赖组织。

任何党员干部都不能把自己凌驾于组织之上，要强化党的意识和组织观念，始终把党放在心中最高位置，时刻想到自己是党的人、是组织的一员，牢记自己的第一身份是共产党员，第一职责是为党工作，任何时候都与党同心同德，习惯于在严格的党内组织生活中锤炼坚定的组织观念，时时处处用纪律的尺度衡量和校准自身的一言一行，使铁的纪律真正转化为自己的日常习惯和自觉遵循。党章规定的“四个服从”，即党员个人服从党的组织，少数服从多数，下级组织服从上级组织，全党各个组织和全体党员服从党的全国代表大会和中央委员会，这既是党最基本的组织原则，也是最基本的组织纪律。同时，坚持和运用好民主集中制这一党的根本组织原则，做到既统一思想、统一意志、统一行动，又充分调动各方面积极性、主动性、创造性，真正把民主集中制的优势变成我们党的政治优势、制度优势、组织优势、工作优势，形成推进党和国家事业发展的强大合力。认真贯彻、全面落实新时代党的组织路线，着力培养忠诚干净担当的高素质干部，为增强党的创造力、凝聚力、战斗力提供重要保证。

82. 党员干部工作上独断专行，是作风霸道还是敢于担当？

所谓的“独断专行”，是指违反民主集中制原则，拒不执行或者擅自改变党组织或领导集体作出的重大决定，或者违反议事规则，由个人或者少数人决定重大问题的行为。现实中，有的党员干部特别是领导干部大搞“一言堂”，由“班长”变成了“家长”，养成了“唯我独尊”的霸道作风，出现决策失误、权力滥用，给当地或者行业造成损失，值得警醒。有的领导干部甚至还把这种“说一不二”的霸道作风当作是行事果断、敢于担当的能力体现。实际上，敢于担当讲的是在深入调研、充分论证的基础上，以合规合法、科学决策为前提的敢担当、善担当。而把个人凌驾于组织之上的独断专行，实际就是典型的官僚主义、任性用权，不仅践踏制度权威，最终也坑害了自己。

《关于新形势下党内政治生活的若干准则》规定：“凡属重大问

题，要按照集体领导、民主集中、个别酝酿、会议决定的原则，由集体讨论、按少数服从多数作出决定，不允许用其他形式取代党委及其常委会（或党组）的领导。”“党委（党组）主要负责同志必须发扬民主、善于集中、敢于担责。在研究讨论问题时要把自己当成班子中平等的一员，充分发扬民主，严格按程序决策、按规矩办事，注意听取不同意见，正确对待少数人意见，不能搞一言堂甚至家长制。支持班子成员在职责范围内独立负责开展工作，坚决防止和克服名为集体领导、实际上个人或少数人说了算，坚决防止和克服名为集体负责、实际上无人负责。”

党员领导干部要树立正确的权力观、政绩观、事业观，时刻牢记自己手中的权力是党和人民赋予的，要对手中的权力怀有敬畏之心，对人民怀有谦卑之心，做到立身不忘做人之本、为政不变公仆之心、用权不谋一己之私。党员领导干部要时刻谨记法纪红线不可逾越、法律底线不可碰触，带头遵守法律、带头依法办事，切实将对法治的尊崇、对法律的敬畏转化为自觉行动，让权力在“安全线”内运行。

83. 党员干部可以以党组织的名义拒不执行上级决定吗?

下级服从上级是我们党的一个基本组织原则。一般来说，对于上级的决定，下级应当无条件服从，坚决执行。《中国共产党纪律处分条例》第七十八条规定：“下级党组织拒不执行或者擅自改变上级党组织决定的，对直接责任者和领导责任者，给予警告或者严重警告处分；情节严重的，给予撤销党内职务或者留党察看处分。”所谓“拒不执行”，是指下级党组织在上级党组织明确要求其执行有关决定的情况下仍然置若罔闻，不予执行。所谓“擅自改变”，是指下级党组织在执行上级党组织有关决定时，未经上级党组织批准或者同意，擅自对执行内容予以变更。如果发现上级的决定与本地实际情况不相符合，或有明显错误，可以及时向上级反映、与上级沟通，但不能拒不执行或者擅自改变上级党组织的决定。

党员干部更不可以以党组织的名义拒不执行上级决定，因为党员干部个人代替党组织的意见和决定，违反了议事规则和组织纪律，个人或者少数人决定重大问题，也是违反民主集中制原则的表现。依据《中国共产党纪律处分条例》第七十七条的规定，应给予警告或严重警告处分；情节严重的，给予撤销党内职务或者留党察看处分。

84. 党员干部可以对组织安排讨价还价吗？

是否无条件服从组织决定和自觉接受党的纪律约束，是检验一名党员干部是否合格的重要标准。党章规定，“执行党的决定，服从组织分配，积极完成党的任务”是党员的义务。《关于新形势下党内政治生活的若干准则》明确规定，“领导干部要自觉服从组织分工安排，任何人都不能向组织讨价还价、不服从组织安排”“坚决禁止向党组织讨价还价、不服从组织决定的行为”。《中国共产党纪律处分条例》第七十九条规定：“拒不执行党组织的分配、调动、交流等决定的，给予警告、严重警告或者撤销党内职务处分。”实践中，如果党员干部个人主义、自由主义严重，目无组织纪律，向组织讨价还价，不服从组织人事安排、工作分工、任务分配等决定，就会导致决而不行，破坏民主集中制原则，就会使党组织失去战斗力、凝聚力和向心力。

同时，《中国共产党纪律处分条例》第七十九条还规定："在特殊时期或者紧急状况下，拒不执行党组织上述决定的，给予留党察看或者开除党籍处分。"所谓"特殊时期或者紧急状况"，主要指造成或者可能造成严重社会危害，需要采取紧急处置措施予以应对的自然灾害、事故灾难、公共卫生事件和社会安全事件等时期或情况。特殊时期或者紧急状况下，拒不执行党组织的决定，可能带来不可挽回的严重后果，给人民群众利益造成更加严重的损害，给党和国家带来更加严重的不良影响，应当给予留党察看或者开除党籍处分。党员干部要时刻不忘自己应尽的义务和责任，相信组织、依靠组织、服从组织，自觉接受组织安排和纪律约束，自觉维护党的团结统一。

85. 对于党组织、党员来说，强化组织意识、增强组织观念要重点把握好哪些方面？

对于党组织来说，强化组织意识、增强组织观念，要进一步增强各级党组织的政治功能和组织功能，严肃党内政治生活，发展积极健康的党内政治文化。认真执行"三会一课"、民主集中制、谈心谈话、民主评议党员等制度，推动党的组织生活经常化、规范化、制度化。党的各级组织必须对党忠诚老实、光明磊落，说老实话、办老实事、做老实人，如实向党反映和报告情况。严格贯彻落实民主集中制原则，自觉防止和反对个人主义、分散主义、自由主义。要严守各项纪律和规矩，下级党组织要严格执行请示报告制度，向上级党组织请示和报告工作，上级党组织要经常听取下级党组织和党员群众的意见，上下级组织之间要互通情报、互相支持和互相监督。要切实加强党组织对各领域社会基层组织的政治领导，提高发展党员和党员教育管理工作质效，完善群众参与决策机制，架好党心、民心的“连心桥”，增强党组织肌体活力，让组织体系的经脉气血更加畅通。

对于党员来说，强化组织意识、增强组织观念，就是要自觉做到思想上认同组织、政治上依靠组织、工作上服从组织、感情上信赖组织，真正做到让党放心、让组织信任、让人民满意。组织上入党一生一次，思想上入党一生一世。要强化党员意识，加强党性修养，时刻把自己置于党组织之下，相信组织、依靠组织、服从组织。按照《关于新形势下党内政治生活的若干准则》中“党员不准散布违背党的理论和路线方针政策的言论，不准公开发表违背党中央决定的言论，不准泄露党和国家秘密，不准参与非法组织和非法活动，不准制造、传播政治谣言及丑化党和国家形象的言论”的要求，任何时候都与党同心同德、同向同行，必须在思想上政治上行动上同以习近平同志为核心的党中央保持高度一致，自觉维护党中央权威和集中统一领导，确保有令必行、有禁必止。要严格遵守党章和其他党内法规，心存敬畏，守住底线、远离红线，遵规守纪，不越雷池半步。

86. 领导干部不如实报告个人有关事项，违反什么纪律？

领导干部个人有关事项报告制度是请示报告制度的重要组成部分，是严明党的纪律规矩、从严管理监督干部的重要措施。2024 年 1 月 22 日，中央纪委国家监委网站发布消息，贵州广电传媒集团有限公司原党委委员、副总经理宋霖被“双开”，通报称其“毫无组织原则，不如实填报个人有关事项”。不如实报告个人有关事项，看似是工作和生活中的小事，实际上是关系党性原则的大事。向组织如实报告个人有关事项，本质上是要求领导干部表里如一、知行合一。自觉履行党章规定的“对党忠诚老实”的基本义务，是领导干部必须遵守的政治纪律和组织纪律。

个人有关事项报告出问题，主要有漏报和瞒报两种情形。漏报主要由于疏忽大意，或沟通不畅，在股票、理财、保险等方面出现少报漏报的情况。瞒报则大多是主观的故意行为，心存侥幸，刻意掩盖，知情不报，试图逃避监督，妄图蒙混过关。故意不按规定报告个人有关事项背后，往往存在更严重的违纪违法问题，对这样的行为应予以严厉惩治。《中国共产党纪律处分条例》第八十一条规定，“违反个人有关事项报告规定，隐瞒不报”“不按要求报告或者不如实报告个人去向”，情节较重的，给予警告或者严重警告处分。因此，党员干部特别是领导干部必须增强自觉接受监督的意识，遵守报告纪律，对党忠诚老实、光明磊落，说老实话、办老实事、做老实人，认真按照《领导干部报告个人有关事项规定》等相关要求，如实报告个人有关事项，接受组织监督，恪守纪律规矩。

87. 开展干部人事档案工作必须遵守哪些纪律？

干部人事档案是各级党委（党组）和组织人事等有关部门在党的组织建设、干部人事管理、人才服务等工作中形成的，反映干部个人政治品质、道德品行、思想认识、学习工作经历、专业素养、工作作风、工作实绩、廉洁自律、遵纪守法以及家庭状况、社会关系等情况的历史记录材料。根据中共中央办公厅印发的《干部人事档案工作条例》相关规定，开展干部人事档案工作必须遵守下列纪律：严禁篡改、伪造干部人事档案；严禁提供虚假材料、不如实填报干部人事档案信息；严禁转递、接收、归档涉嫌造假或者来历不明的干部人事档案材料；严禁利用职务、工作上的便利，直接实施档案造假，授意、指使、纵容、默许他人档案造假，为档案造假提供方便，或者在知情后不及时向组织报告；严禁插手、干扰有关部门调查、处理档案造假问题；严禁擅自抽取、撤换、添加干部人事档案材料；严禁圈划、损坏、扣留、出卖、交换、转让、赠送干部人事档案；严禁擅自提供、摘录、复制、拍摄、保存、丢弃、销毁干部人事档案；严禁违规转递、接收和查（借）阅干部人事档案；严禁擅自将干部人事档案带出国（境）外；严禁泄露或者擅自对外公开干部人事档案内容。对于违反相关规定和纪律的，依据有关规定予以纠正；根据情节轻重，给予批评教育、组织处理或者党纪政务处分，并视情况追究相关人员责任。涉嫌违法犯罪的，按照国家法律法规处理。

88. 党员干部对职务任免不满，可以找借口或编造理由不赴任吗?

现实中，有的党员干部不满意组织对其的职务任免，从私利出发，不顾大局，就找各种借口或编造多种理由不赴任，拒不执行党组织的分配、调动、交流等决定。这是把个人置于组织之外，缺乏组织观念、无视组织原则的体现，这种行为已经触犯纪律底线，违反了组织纪律。

党是政治组织，每个党员都是党的一分子。只有党员个人服从党的组织，少数服从多数，下级组织服从上级组织，全党各个组织和全体党员服从党的全国代表大会和中央委员会，党才能形成统一整体。如果党员可以随心所欲地对待党组织的决议、决定，那么，党就会成为一盘散沙，失去凝聚力、丧失战斗力。党员个人必须服从党的组织，这是党的民主集中制的一个重要方面。民主集中制是党的根本组织原则，也是最基本的组织纪律。党章明确规定，党员个人服从党的组织，少数服从多数，下级组织服从上级组织，全党各个组织和全体党员服从党的全国代表大会和中央委员会。党员必须执行党的决定，服从组织分配，积极完成党的任务。

《中国共产党纪律处分条例》第七十九条规定："拒不执行党组织的分配、调动、交流等决定的，给予警告、严重警告或者撤销党内职务处分。""在特殊时期或者紧急状况下，拒不执行党组织上述决定的，给予留党察看或者开除党籍处分。"

89. 党员干部向组织自我推荐算跑官要官吗?

所谓“跑官要官”，是指为了达到本人或请托人职务晋升的目的，违背组织原则和干部选拔程序，采取种种不正当手段，意图向上级领导索要某个职位或使上级领导同意将其提拔到某个职位的行为。跑官要官的行为是选人用人上的不正之风和腐败现象，扰乱干部选拔任用的正常秩序，严重降低整个选人用人的公信度，损害党和政府的形象和威信。《党政领导干部选拔任用工作条例》明确指出，“不准采取不正当手段为本人或者他人谋取职务、提高职级待遇”。《关于新形势下党内政治生活的若干准则》规定，“坚持正确选人用人导向，是严肃党内政治生活的组织保证”。“党的各级组织必须自觉防范和纠正用人上的不正之风和种种偏向。坚决禁止跑官要官、买官卖官、拉票贿选等行为，坚决禁止向党伸手要职务、要名誉、要待遇行为，坚决禁止向党组织讨价还价、不服从组织决定的行为。坚决纠正唯票、唯分、唯生产总值、唯年龄等取人偏向，坚决克服由少数人在少数人中选人的倾向。领导干部要带头执行党的干部政策，不准任人唯亲、搞亲亲疏疏，不准封官许愿、跑风漏气、收买人心，不准个人为干部提拔任用打招呼、递条子。领导干部不得干预曾经工作生活过的地方、曾经工作过的单位和不属于自己分管领域的干部选拔任用工作，有关地方和单位党组织要抵制这种违反党的组织原则的行为。”跑官要官严重干扰党的干部路线方针政策的贯彻执行，败坏党的风气，损害党的形象，人民群众深恶痛绝，必将受到党纪国法惩处。《中国共产党纪律处分条例》第八十四条规定，“在干部选拔任用工作中，有任人唯亲、排斥异己、封官许愿、说情干预、跑官要官、突击提拔或者调整干部等违反干部选拔任用规定行为”，对直接责任者和领导责任者，要视情节轻重追究党纪责任。

当然，党员干部可以通过正常渠道、途径、方式，向组织上反映个人意愿、推荐干部人选。至于向领导和组织自我推荐违规不违规，则要结合具体情况进行具体分析。每一个党员干部都应当踏实干事，相信组织，不能抱有私心跑官要官，甚至变相行贿买官。就是向组织自我推荐，也要多从党的事业和工作需要出发，少从个人利益着眼，正确对待组织的决定，决不能跟组织讨价还价甚至拒不服从组织决定。

90. 违规选拔任用干部有哪些表现形式?

在干部选拔任用工作中，违规选拔任用干部，属于违反党的组织纪律的行为。《党政领导干部选拔任用工作条例》明确指出下列行为均属于违反干部选拔任用规定的行为：（一）超职数配备、超机构规格提拔领导干部，超审批权限设置机构配备干部，或者违反规定擅自设置职务名称、提高干部职务职级待遇；（二）采取不正当手段为本人或者他人谋取职务，提高职级待遇；（三）违反规定程序动议、推荐、考察、讨论决定任免干部，或者由主要领导成员个人决定任免干部；（四）私自泄露研判、动议、民主推荐、民主测评、考察、酝酿、讨论决定干部等有关情况；（五）在干部考察工作中隐瞒或者歪曲事实真相；（六）在民主推荐、民主测评、组织考察和选举中搞拉票、助选等非组织活动；（七）利用职务便利私自干预下级或者原任职地区、系统和单位干部选拔任用工作；（八）在机构变动，主要领导成员即将达到任职年龄界限、退休年龄界限或者已经明确即将离任时，突击提拔、调整干部；（九）在干部选拔任用工作中任人唯亲、排斥异己、封官许愿，拉帮结派、搞团团伙伙，营私舞弊；（十）篡改、伪造干部人事档案，或者在干部身份、年龄、工龄、党龄、学历、经历等方面弄虚作假。

《中国共产党纪律处分条例》也规定了在干部选拔任用工作中，有任人唯亲、排斥异己、封官许愿、说情干预、跑官要官、突击提拔或者调整干部等违反干部选拔任用规定行为，对直接责任者和领导责任者，要视情节轻重追究党纪责任。这里指出的“任人唯亲、排斥异己、封官许愿、说情干预、跑官要官、突击提拔或者调整干部”六种行为都是违规选拔任用干部中常见的表现形式。

91. 违规选人用人的哪些情形，应当追究领导责任？

对违规选人用人问题，党委（党组）负全面领导责任，领导班子主要负责人和直接主管的班子成员承担主要领导责任，参与决策的领导班子其他成员承担领导责任。组织（人事）部门、纪检监察机关、干部考察组有关负责人和其他责任人员在各自职责范围内承担相应责任。《干部选拔任用工作监督检查和责任追究办法》第三十五条规定：“干部选拔任用工作有下列情形之一，应当追究党委（党组）及其主要负责人或者直接主管的领导班子成员、参与决策的领导班子其他成员的责任：（一）民主集中制执行不到位，党委（党组）领导把关作用发挥不力，出现重大用人失察失误，产生恶劣影响的；（二）用人导向出现偏差，选人用人不正之风严重，干部不担当不作为问题突出，干部群众反映强烈的；（三）落实主体责任不到位，对选人用人问题和干部不担当不作为问题不处置、不整改、不问责，造成严重后果的；（四）维护和执行组织人事纪律不力，导致选人用人违规违纪行为多发，造成恶劣影响的；（五）其他应当追究的失职失责情形。"

干部选拔任用工作监督检查和责任追究，坚持党委（党组）领导、分级负责，实事求是、依法依规，发扬民主、群众参与，分类施策、精准有效，防治并举、失责必究。树立正确导向，突出政治监督，从严查处违规用人问题和选人用人中的不正之风，严肃追究失职失察责任，促进形成风清气正的用人生态。党委（党组）及其组织（人事）部门按照职责权限，负责干部选拔任用工作的监督检查和责任追究，纪检监察机关、巡视巡察机构按照有关规定履行干部选拔任用工作监督职责。

92.《关于加强干部选拔任用工作监督的意见》对严格按制度规定选人用人有哪些规定？

加强干部选拔任用工作监督，是保证选贤任能、纯洁用人风气的重要举措。严格按制度规定选人用人，《关于加强干部选拔任用工作监督的意见》提出了"十个严禁"的纪律要求：各级党委（党组）和组织人事部门要不折不扣执行《党政领导干部选拔任用工作条例》，严格按规定的原则、标准、条件、资格、程序和纪律办事，有规必依、执规必严。严禁违反规定程序选拔任用干部，严禁私自干预下级或原任职单位干部任用，严禁在干部考察中隐瞒或歪曲事实真相，严禁在干部档案上弄虚作假，严禁跑风漏气，严禁突击提拔调整干部，严禁封官许愿、任人唯亲、营私舞弊，严禁采取跑官要官、说情打招呼等手段为本人或他人谋取职位，严禁搞拉票等非组织活动，严禁超职数配备、超机构规格提拔干部或违规提高干部职级待遇。

93. 党员干部外出都要报告，是管得太严了吗？

按要求如实向组织请示报告，包括报告个人去向，是每一位党员干部都必须遵守的组织纪律，是对党员干部的基本要求。《中国共产党重大事项请示报告条例》明确将“流动外出情况”列为党员应当向党组织报告的事项之一。“外出都要报告，管得太严了”，这种认识显然是错误的。《中国共产党纪律处分条例》第八十一条明确规定，“不按要求报告或者不如实报告个人去向”，“情节较重的，给予警告或者严重警告处分。”

增强党员的组织纪律性是保持党的先进性和纯洁性的重要基础。习近平总书记强调：“我们这么大的党、这么多党组织和党员，如果都各行其是、自作主张，想干什么就干什么，想不干什么就不干什么，那是要散掉的。”[①] 请示报告制度，正是统一全党意志和行动的重要制度安排。值得注意的是，一些党员干部不如实报告个人去向，其背后可能有不可告人的隐情：有的是瞒着组织到外地游山

① 中共中央文献研究室编：《十八大以来重要文献选编》（上），中央文献出版社 2014 年版，第 767 页。

玩水、吃喝玩乐；有的是身陷贪腐，察觉形势不对，溜之大吉；还有的是出于其他目的。党员干部按要求如实报告个人去向不是小事，而是检验一名党员干部组织观念强不强、组织纪律严不严的试金石。作为党员干部特别是领导干部，必须强化组织观念、程序观念，该请示的请示，该报告的报告，决不能我行我素、任性而为。

94. 只要自己不贪不腐，就不用管组织纪律，这种思想认识错在哪儿？

有一些党员干部认为，只要自己不贪不腐，组织纪律就不用管。这种思想认识是错误的。断线的风筝不仅不会得到自由，反而会一头栽向大海。有约束才更自由，有纪律才更有力。苏联解体的沉痛教训，正是从党员丧失组织观念、与组织分裂对抗开始的。落马的贪官大都是从当初的不拿规矩当回事、不把组织放眼里，开始一步步走上犯罪的深渊。

人不以规矩则废，党不以规矩则乱。不贪不腐不能成为不执行党的组织原则和组织纪律的挡箭牌。世界上任何一个政党想要有所作为，都必须有严密的组织纪律作保障。我们党之所以能成为中国特色社会主义事业的坚强领导核心，就在于有严密的组织体系和强大的组织能力，而这些又必须以严明的组织纪律和组织规矩作保证。毛泽东指出："加强纪律性，革命无不胜。"① 抗日战争结束后，国民党拥有 800 多万人的军队，但派系林立，党纪军纪松弛，犹如一盘散沙。蒋介石到台湾地区后总结失败教训，其中一条就是：共

① 《毛泽东文集》第五卷，人民出版社 1996 年版，第 194 页。

产党有纪律，国民党没纪律。组织纪律是党的各项纪律得以执行的重要基础。因此，广大党员干部必须敬畏组织纪律，严格执行并带头遵守党的组织纪律。

95.《中国共产党纪律处分条例》如何通过纪律条款保障民主集中制原则贯彻执行？

民主集中制是党的根本组织原则，是最基本的组织纪律。党章明确“党是根据自己的纲领和章程，按照民主集中制组织起来的统一整体”，并规定了“党员个人服从党的组织，少数服从多数，下级组织服从上级组织，全党各个组织和全体党员服从党的全国代表大会和中央委员会”的“四个服从”等民主集中制的六项基本原则。《中国共产党纪律处分条例》贯彻党章要求并予以细化，第七十七条规定，对违反民主集中制原则，有下列行为之一的，明确给予相应的纪律处分：拒不执行或者擅自改变党组织作出的重大决定；违反议事规则，个人或者少数人决定重大问题；故意规避集体决策，决定重大事项、重要干部任免、重要项目安排和大额资金使用；借集体决策名义集体违规。在第七十八条中，对下级党组织拒不执行或者擅自改变上级党组织决定的行为，对直接责任者和领导责任者，根据情节轻重设置了纪律处分条款，有效保障上级决策部署的贯彻落实。第七十九条对拒不执行党组织的分配、调动、交流等决定的行为和在特殊时期或者紧急状况下，拒不执行党组织上述决定的行为，给予警告、严重警告、留党察看或者开除党籍的党纪处分。这些规定有效贯彻落实民主集中制，不断强化全体党员干部的组织观念，增强党员意识，引导党员干部摒弃个人主义、自由主义，做到对党绝对忠诚。

96. 干部考核工作必须严格遵守哪些纪律？

干部考核工作，是指党委（党组）及其组织（人事）部门按照干部管理权限，对党政领导班子和领导干部的政治素质、履职能力、工作成效、作风表现等所进行的了解、核实和评价，以此作为加强领导班子和领导干部队伍建设的重要依据。《中国共产党组织工作条例》第二十三条明确规定："建立健全日常考核、分类考核、近距离考核的知事识人体系，贯彻新发展理念，坚持正确政绩观，把区分优劣、奖优罚劣、激励担当、促进发展作为基本任务，优化考核内容和考核指标体系，完善考核方式方法，统筹开展平时考核、年度考核、专项考核、任期考核，全方位、多渠道了解干部，注意掌握干部在重大任务、重大斗争一线的表现。"《党政领导干部考核工作条例》第五十条规定："考核工作必须严格遵守下列纪律：（一）不准搞形式、走过场；（二）不准隐瞒、歪曲事实；（三）不准弄虚作假；（四）不准搞非组织活动；（五）不准泄露谈话内容、测评结果等考核工作秘密；（六）不准凭个人好恶评价干部、决定或者改变考核结果；（七）不准借考核之机谋取私利；（八）不准干扰、妨碍考核工作；（九）不准打击报复干部和反映问题的人员。"对违反干部考核工作规定的行为，根据情节轻重，依规依纪给予批评教育、责令检查、通报批评、诫勉、组织调整或者组织处理，涉嫌违纪或者职务违法、职务犯罪的，按照有关纪律和法律法规处理。

97. 在党组织纪律审查中负有作证义务的党员，可以拒绝作证吗?

在党组织纪律审查中，负有作证义务的党员不可以拒绝作证，更不可以故意提供虚假情况。《中国共产党纪律处分条例》第八十条规定："在党组织纪律审查中，依法依规负有作证义务的党员拒绝作证或者故意提供虚假情况，情节较重的，给予警告或者严重警告处分；情节严重的，给予撤销党内职务、留党察看或者开除党籍处分。"通过上述规定，引导党员干部增强组织观念，摒弃个人主义、自由主义，做到对组织忠诚老实、言行一致。

98. 党员干部篡改、伪造个人档案资料的行为，只是诚信问题吗?

有的党员干部动机不纯、态度不端，弄虚作假，对个人档案进行造假。这种行为不仅是个人诚信问题，更是违反组织纪律的行为。《中国共产党纪律处分条例》第八十一条规定："篡改、伪造个人档案资料的，给予严重警告处分；情节严重的，给予撤销党内职务或者留党察看处分。"本条款的处分规定，意在要求广大党员特别是领导干部必须对党忠诚，不得对组织隐瞒有关个人的任何情况，否则一经查实就要受到党纪的严肃惩处。

99. 隐瞒入党前严重错误的，应当如何处理？

《中国共产党纪律处分条例》第八十一条规定：“隐瞒入党前严重错误的，一般应当予以除名；对入党多年且一贯表现好，或者在工作中作出突出贡献的，给予严重警告、撤销党内职务或者留党察看处分。”根据党章的有关规定，党员必须对党忠诚。入党前如实向党组织报告自己过往重大经历，是成为一名党员的题中应有之义。如果故意隐瞒入党前严重错误，则是对组织的不忠诚。

100. 党员领导干部能参加老乡、同学、战友聚会吗？

《中国共产党纪律处分条例》第八十二条规定：“党员领导干部违反有关规定组织、参加自发成立的老乡会、校友会、战友会等，情节严重的，给予警告、严重警告或者撤销党内职务处分。”即使不参加这些有组织的老乡会、校友会、战友会，而利用老乡、校友、战友关系搞团团伙伙、拉帮结派、搞人身依附、官商勾结、利益交换的，同样是违反党的纪律的，也应受到纪律的惩处。不过，党员领导干部基于正常交往，参加老乡、校友、战友、同学之间的聚会、聚餐、交往等活动的，一般不构成违纪。

党员领导干部不得违反有关规定组织、参加自发成立的老乡会、校友会、战友会的各种联谊会之类的组织，不得担当这类联谊会的发起人和组织者，不得在这类联谊会中担任相应职务，也不得借机编织“关系网”，搞亲亲疏疏、团团伙伙，进行非法组织活动。党员领导干部要自觉抵制借联谊、聚会之名，大吃大喝，搞权钱交易，更不得利用职权、公款为此类组织和活动报销活动经费或者提供赞助。

101. 党员干部奉行好人主义，乐当“好好先生”，可以吗？

党的干部是党的事业的骨干，坚持原则是共产党人的重要品格，是衡量一个干部是否称职的重要标准。《党政领导干部选拔任用工作条例》规定党政领导干部具备的基本条件中，就有“正确行使人民赋予的权力，坚持原则，敢抓敢管，依法办事”。然而，现实中，一些党员干部奉行好人主义，乐当“好好先生”。他们不讲原则，不分是非，不负责任，你好我好大家好，凡事明哲保身，事不关己，高高挂起。好人主义与批评和自我批评的优良作风、民主集中制的组织原则是背道而驰的。党员干部奉行好人主义，乐当“好好先生”，败坏的是一个地方、单位的风气，损害的是党和人民的事业。《关于新形势下党内政治生活的若干准则》指出：“坚决反对事不关己、高高挂起，明知不对、少说为佳的庸俗哲学和好人主义，坚决克服文过饰非、知错不改等错误倾向。”因此，党员干部要有秉公办事、铁面无私的精神，讲原则不讲面子、讲党性不徇私情，该办的事要办好，不该办的事坚决不办。

好人主义的思想根源是缺乏坚定的政治信念，党性观念不强，宗旨意识淡薄，群众立场不稳。摒弃好人主义，要敢担当、敢作为、敢碰硬、敢较真，对大是大非问题要有坚定的政治立场，面对软弱涣散要敢抓敢管、动真碰硬，面对歪风邪气要坚决抵制、绝不退让。讲真话、办实事，以忠诚干净担当的实际行动切实担负使命责任，交出不负组织信任、不负人民重托的优异答卷。

102. 对于搞非组织活动破坏民主程序的行为，有怎样的纪律要求？

搞非组织活动破坏民主程序是违背党的组织纪律、严重危害党内政治生态的违纪行为。《关于新形势下党内政治生活的若干准则》规定："党的任何组织和个人不得以任何方式妨碍选举人依照规定自主行使选举权，坚决反对和防止侵犯党员选举权和被选举权的现象，坚决防止和查处拉票贿选等行为。"该条款对严禁搞非组织活动破坏民主程序提出了明确要求。

根据《中国共产党纪律处分条例》，严守党的组织纪律，一是不得在政治生活中搞非组织活动破坏民主程序，在民主推荐、民主测评、组织考察和党内选举中搞拉票、助选等非组织活动。不得搞收买人心、拉票贿选，动摇党的干部工作根基，损害党和政府的威信和形象。二是不得在法律规定的投票、选举活动中违背组织原则搞非组织活动，组织、怂恿、诱使他人投票、表决。这将严重阻碍党组织意图的贯彻实施。三是不得在选举中进行其他违反党章、党内法规和有关章程活动。增强尊规学规守规用规意识，坚决维护党内法规制度权威。四是不得搞有组织的拉票贿选，或者用公款拉票贿选。有组织的拉票贿选行为严重损害宪法和法律的尊严，严重扰乱和败坏了党风政风，危害党和国家民主政治建设。

103. 什么是干部选拔任用工作"一报告两评议"，对评议反映的突出问题怎么处理？

干部选拔任用工作"一报告两评议"是加强干部选拔任用工作民主监督的一项重要举措，是指党委（党组）每年应当结合全会或者领导班子和领导干部年度总结考核，报告干部选拔任用工作情况，接受对年度干部选拔任用工作和所提拔任用干部的民主评议。可见，"一报告"即专题报告年度干部选拔任用工作情况，"两评议"即评议干部选拔任用工作，评议选拔出来的干部。《干部选拔任用工作监督检查和责任追究办法》第二十条规定："参加民主评议人员范围，地方一般为参加和列席全会人员，其他单位一般为参加领导班子和领导干部年度总结考核会议人员，并有一定数量的干部群众代表。""提拔任用干部民主评议对象，地方一般为本级党委近一年内提拔的正职领导干部；其他单位一般为近一年内提拔担任内设机构领导职务的人员和直属单位领导班子成员。"第二十一条规定："'一报告两评议'由上级组织（人事）部门会同被评议地方和单位组织实施，评议结果应当及时反馈，并作为考核领导班子和领导干部的重要参考。""对评议反映的突出问题，上级组织（人事）部门应当采取约谈、责令作出说明等方式，督促被评议地方和单位整改。对认可度明显偏低的干部，被评议地方和单位应当对其选拔任用过程进行分析、作出说明，并视情进行教育或者处理。"

104.《推进领导干部能上能下规定》有怎样的纪律保障?

做好推进干部能上能下工作，是贯彻新时代党的组织路线的重要内容之一。2022 年 9 月，中共中央办公厅印发的《推进领导干部能上能下规定》，对不适宜担任现职的领导干部进行组织调整作出系统规范，着力解决一些领导干部不作为、乱作为等问题，推进领导干部能上能下，让那些想干事、肯干事、能干成事的领导干部有更好的用武之地，促进形成能者上、优者奖、庸者下、劣者汰的良好局面。《中国共产党纪律处分条例》第八十五条明确规定，“在推进领导干部能上能下工作中，搞好人主义”，存在“以党纪政务等处分规避组织调整”“以组织调整代替党纪政务等处分”“其他避重就轻作出处理行为”，视情节轻重给予相应的纪律处分。通过落实惩戒规定，将领导干部能上能下工作落到实处，为促进形成良好用人导向和干事创业环境提供有力纪律支撑。

105.哪些情形下领导干部不适宜担任现职?

不适宜担任现职，主要指领导干部的德、能、勤、绩、廉与所任职务要求不符，不适宜在现岗位继续任职。《推进领导干部能上能下规定》从政治表现、理想信念、斗争精神、政绩观、执行组织纪律、担当作为、能力素质、工作作风、道德品行等方面，明确了不适宜担任现职的具体情形：政治能力不过硬，缺乏应有的政治判断力、政治领悟力、政治执行力，在不折不扣贯彻落实党中央决策部署、结合实际推动落地见效上存在明显差距的；理想信念动摇，在涉及党的领导、中国特色社会主义制度等重大原则问题上立场不坚定、态度暧昧，关键时刻经不住考验的；担当和斗争精神不强，在事关党和国家利益、人民群众生命财产安全等紧要关头临阵退缩，在急难险重任务、重大风险考验面前消极逃避或者应对处置不力的；政绩观存在偏差，不能坚持以人民为中心的发展思想，不能准确把握新发展阶段、完整准确全面贯彻新发展理念，在构建新发展格局、推动高质量发展上不积极不作为，搞“形象工程”、“政绩工程”乱作为的；违背党的民主集中制原则，独断专行或者软弱涣散、自行其是，不执行或者擅自改变组织作出的决定，在领导班子中闹无原则纠纷，或者任人唯亲、拉帮结派，破坏所在地方、单位政治生态的；组织观念淡薄，不严格执行重大事项请示报告、个人有关事项报告等制度，无正当理由拒不执行组织的分配、调动、交流等决定的；事业心和责任感不强，精神状态差，对职责范围内的事项敷衍塞责，对群众急难愁盼问题不上心、不尽力，工作推拖绕躲、贻误事业发展的；领导能力不足，不能有效履行职责、按要求完成目标任务，重大战略、重要改革、重点工作推进不力，所负责的工作较长时间处于落后状态或者出现较大失误的；违规决策或者决策论证不充分、不慎重，造成公共资金、国有资产、国有资源损失浪费，生态环境破坏，公共利益损害等后果的；作风不严不实，执行中央八项规定精神不严格，形式主义、官僚主义问题突出，造成不良影响的；品行不端，行为失范，违背社会公德、职业道德、家庭美德，造成不良影响的；因存在配偶、子女移居国（境）外，配偶、子女及其配偶经商办企业等情况，按照有关规定需要组织调整的；年度考核被确定为不称职，或者连续两年被确定为基本称职，以及民主测评优秀和称职得票率达不到三分之二，经认定确属不适宜担任现职的；因健康原因无法正常履行工作职责1年以上的；其他不适宜担任现职的情形。领导干部具有上述情形之一，被认定为不适宜担任现职，应当及时予以调整。

106. 严禁在组织人事工作中违规牟利，有哪些纪律要求？

遵守组织人事纪律，严禁在组织人事工作中违规牟利，是加强组织人事干部自身建设的需要，更是匡正用人风气、提高选人用人公信度的重要保证。《中国共产党纪律处分条例》第八十六条规定："在干部、职工的录用、考核、职务职级晋升、职称评聘、荣誉表彰，授予学术称号和征兵、安置退役军人等工作中，隐瞒、歪曲事实真相，或者利用职权或者职务上的影响违反有关规定为本人或者其他人谋取利益的，给予警告或者严重警告处分；情节较重的，给予撤销党内职务或者留党察看处分；情节严重的，给予开除党籍处分。""弄虚作假，骗取职务、职级、职称、待遇、资格、学历、学位、荣誉、称号或者其他利益的，依照前款规定处理。"党员领导干部要严守组织人事纪律，切实维护组织人事工作原则性、严肃性，认真遵守党的有关干部、劳动、人事工作方面的法规制度，包括《党政领导干部选拔任用工作条例》《干部选拔任用工作监督检查和责任追究办法》等法规，按照规定的程序做好每一项工作，不能以权谋私，滥用职权，欺骗组织，突破底线，违纪违法。

107. 怎样保障党员的表决权、选举权和被选举权？

行使表决权、选举权，有被选举权是党员享有的基本权利，是党员参与党内事务的具体形式。应尊重和保障党员的民主权利，充分发扬民主，体现选举人的意志。任何组织和个人不得以任何方式强迫选举人选举或者不选举某个人。《中国共产党纪律处分条例》第八十七条规定："侵犯党员的表决权、选举权和被选举权，情节较重的，给予警告或者严重警告处分；情节严重的，给予撤销党内职务处分。""以强迫、威胁、欺骗、拉拢等手段，妨害党员自主行使表决权、选举权和被选举权的，给予撤销党内职务、留党察看或者开除党籍处分。"为保障党员的表决权、选举权和被选举权划出了纪律底线。

党员在党内选举时，有权了解候选人的情况，提出和要求更换候选人。党员有权选举或不选举某人。党员有被选举的权利，也有请求放弃被选举的权利。党组织应尊重和保护党员的选举权，任何组织和个人都不得侵犯和剥夺党员的表决权和选举权，不得妨碍党员充分表达自己的意愿。党员也要珍惜和正确行使自己的表决权和选举权，敢于维护自己的权利。

108. 如何保障党员的批评、检举、控告权利？

批评、检举、控告权利是党章赋予每一位党员的民主权利。《中国共产党章程》《中国共产党党内监督条例》《关于新形势下党内政治生活的若干准则》《中国共产党纪律处分条例》等党内法规对保障党员行使批评、检举、控告等民主权利作出了明确具体的规定。党员有权在党的会议上有根据地批评党的任何组织和任何党员，向党负责地揭发、检举党的任何组织和任何党员违法乱纪的事实，要求处分违法乱纪的党员，要求罢免或撤换不称职的干部。任何党组织和党员都不得压制党内民主、破坏党内民主，不得侵害党员民主权利，不得以任何借口和手段打击报复检举、控告人及其亲属或假想检举、控告人。对干扰妨碍监督、打击报复检举人、控告人的，可给予批评教育、组织处理或者纪律处分，涉嫌犯罪的，移送司法机关处理。

《中国共产党纪律处分条例》第八十八条规定："对批评、检举、控告进行阻挠、压制，或者将批评、检举、控告材料私自扣压、销毁，或者故意将其泄露给他人""对党员的申辩、辩护、作证等进行压制，造成不良后果""压制党员申诉，造成不良后果，或者不按照有关规定处理党员申诉""其他侵犯党员权利行为，造成不良后果"，有上述四种违反组织纪律行为之一的，对直接责任者和领导责任者，给予警告或者严重警告处分；情节较重的，给予撤销党内职务或者留党察看处分；情节严重的，给予开除党籍处分。同时规定："对批评人、检举人、控告人、证人及其他人员打击报复的，从重或者加重处分。"这些规定为党员行使批评、检举、控告权利提供了纪律保障。

109. 违规发展党员的具体情形有哪些，怎么处理？

党员是党的细胞，党员的质量关系党的生命。做好党员发展工作，是新形势下保证党组织肌体健康，使之永远充满活力的重要环节。《中国共产党发展党员工作细则》指出，发展党员工作应当“坚持党章规定的党员标准，始终把政治标准放在首位；坚持慎重发展、均衡发展，有领导、有计划地进行；坚持入党自愿原则和个别吸收原则，成熟一个，发展一个”。“禁止突击发展，反对‘关门主义’。”各级党组织对发展党员工作中出现的违纪违规问题和不正之风，应当严肃查处。对不坚持标准、不履行程序、超过审批时限和培养考察失职、审查把关不严的党组织及其负责人、直接责任人应当进行批评教育，情节严重的给予纪律处分。典型案例应当及时通报，对违反规定吸收入党的，一律不予承认，并在支部大会上公布。对采取弄虚作假或其他手段把不符合党员条件的人发展为党员，或为非党员出具党员身份证明的，应当依纪依法严肃处理。

发展党员是党的建设中一项政策性、原则性很强的工作，要严格程序，保证质量。根据《中国共产党纪律处分条例》第八十九条规定：“违反党章和其他党内法规的规定，采取弄虚作假或者其他手段把不符合党员条件的人发展为党员，或者为非党员出具党员身份证明的，对直接责任者和领导责任者，给予警告或者严重警告处分；情节严重的，给予撤销党内职务处分。”

110. 党组织对发展对象进行政治审查的主要内容和基本方法是什么？

根据《中国共产党发展党员工作细则》相关规定，党组织对发展对象进行的政治审查主要内容是：“对党的理论和路线、方针、政策的态度；政治历史和在重大政治斗争中的表现；遵纪守法和遵守社会公德情况；直系亲属和与本人关系密切的主要社会关系的政治情况。”

“政治审查的基本方法是：同本人谈话、查阅有关档案材料、找有关单位和人员了解情况以及必要的函调或外调。在听取本人介绍和查阅有关材料后，情况清楚的可不函调或外调。对流动人员中的发展对象进行政治审查时，还应当征求其户籍所在地和居住地基层党组织的意见。”“政治审查必须严肃认真、实事求是，注重本人的一贯表现。审查情况应当形成结论性材料。”“凡是未经政治审查或政治审查不合格的，不能发展入党。”

111. 怎样把握党员干部不得违反有关规定取得外国国籍或者获取国（境）外永久居留资格、长期居留许可的纪律要求？

《中国共产党纪律处分条例》第九十条规定：“违反有关规定取得外国国籍或者获取国（境）外永久居留资格、长期居留许可的，给予撤销党内职务、留党察看或者开除党籍处分。”本条规定的是选择性违纪构成，只要在客观方面具备违反有关规定取得外国国籍、国（境）外永久居留资格、国（境）外长期居留许可中任何一种情形，即违反本条规定。本条参照的有关规定主要包括：《关于加强党政机关县（处）级以上领导干部出国（境）管理工作的意见》《关于加强国家工作人员因私事出国（境）管理的暂行规定》《关于进一步加强领导干部出国（境）管理监督工作的通知》等。

112. 办理因私护照私自去国外探亲是个人私事吗?

党员干部因私出国（境）不是个人生活中的小事私事，而是事关纪律规矩的大事公事。党员干部出国（境）不能任性。近年发生的贪官外逃事件，大多是违反规定持有因私出境证件出逃，给党和国家利益造成了巨大损失。现实中，党员干部确需因私出国（境）或公派学习申领因私出国（境）证件的，应按照相关规定，严格按照有关规定和干部管理权限履行报批程序。因私出国（境）回国后，应及时主动将证件上交所在单位统一保管。任何人不得以虚假信息骗取因私出国（境）证件，不得私自持有因私出国（境）证件，不得未经审批私自出入国（边）境。否则，根据《中国共产党纪律处分条例》第九十一条规定，违反有关规定办理因私出国（境）证件、前往港澳通行证，或者未经批准出入国（边）境，要受到党纪处分。

113. 怎样处理违反规定出境或办理因私出国（境）证件的行为?

有的党员干部违规办理因私出国（境）证件，有的违反因私出国（境）证件管理规定，未经批准出入国（边）境，这些行为都是违反党的组织纪律的表现。《中华人民共和国公职人员政务处分法》第三十一条规定："违反规定出境或者办理因私出境证件的，予以记过或者记大过；情节严重的，予以降级或者撤职。"《中国共产党纪律处分条例》第九十一条规定："违反有关规定办理因私出国

（境）证件、前往港澳通行证，或者未经批准出入国（边）境，情节较轻的，给予警告或者严重警告处分；情节较重的，给予撤销党内职务或者留党察看处分；情节严重的，给予开除党籍处分。”本条所称“违反有关规定”，主要指违反《关于加强国家工作人员因私事出国（境）管理的暂行规定》《关于进一步加强党员干部出国（境）管理的通知》等规定。以上规定，为党员干部出国（境）或者办理因私出国（境）证件划出了纪律底线。党员干部应自觉遵守因私出国（境）管理有关规定要求，不能“想走就走”，更不能心存侥幸，隐瞒出国、出境行程。

114. 如何处理虽经批准因私出国（境）但存在擅自变更路线的行为？

《中国共产党纪律处分条例》第九十一条第二款对党员虽经批准因私出国（境）但存在超出批准范围的行为作出处分规定。具体为：“虽经批准因私出国（境）但存在擅自变更路线、无正当理由超期未归等超出批准范围出国（境）行为，情节较重的，给予警告或者严重警告处分；情节严重的，给予撤销党内职务处分。”

按照有关规定因私出国（境）需经组织批准的党员，经批准后出现了需要改变路线、期限等超出批准范围的新情况新变化，应及时向组织报告情况。如果未向组织报告而擅自改变行程，这就是违反组织纪律的行为，视情节轻重给予相应党纪处分。因此，党员干部要切实增强组织观念，强化党员意识，自觉接受组织安排和纪律约束。

115. 外逃、擅自脱离组织这两种违纪行为的区别是什么？

一是实施主体不同。外逃行为的主体是一般主体，包括所有党员。而擅自脱离组织行为的主体是特殊主体，即驻外机构或者临时出国（境）团（组）中的党员。驻外机构，包括我国各级政府、军队、团体、新闻媒体、企业、事业单位派驻外国的使领馆、商务机构、企业、事业单位等；中央人民政府驻港、驻澳联络办公室，外交部驻港、驻澳特派员公署，解放军驻港、驻澳部队，其他办事机构、商务机构、企业、事业单位等；派驻中国台湾的商务机构、企业、事业单位等。如果是其他因私出国、出境或者出国留学人员中的党员，逾期不归或者在国外、境外定居的，按照《中国共产党纪律处分条例》相关规定进行处分。

二是侵犯客体不同。外逃行为侵犯的是党的政治纪律，擅自脱离组织行为侵犯的是党的组织纪律。外逃行为具有离开后不归的故意。擅自脱离组织行为仅是短暂离开，没有不归的故意。如果党员因违纪后为逃避党纪责任而出走，应当按外逃行为论处。如果党员脱离组织出走时间不满 6 个月又自动回归的，给予撤销党内职务或者留党察看处分；脱离组织出走时间超过 6 个月的，按照自行脱党处理，党内予以除名。

116. 党徽党旗及其图案可以用作商标和广告吗？

党徽党旗及其图案不可以用作商标和广告。中国共产党党徽为镰刀和锤头组成的图案。中国共产党党旗为旗面缀有金黄色党徽图案的红旗。中国共产党的党徽党旗是中国共产党的象征和标志。党章规定，“党的各级组织和每一个党员都要维护党徽党旗的尊严”。2021 年 6 月，中共中央发布的《中国共产党党徽党旗条例》第十三条明确规定：“党徽党旗及其图案不得用于：（一）商标、授予专利权的外观设计和商业广告；（二）私人活动；（三）私人场所、个人网络空间的标识物；（四）个人日常用品、日常生活的陈设布置；（五）其他不适宜的场所、情形和环境。”维护党徽党旗的尊严，就是维护党的尊严，是各级党组织和党员干部必须履行的政治责任。各级党组织和党员干部要自觉规范使用党徽党旗及其图案，不得在党徽党旗上添加任何文字、符号和图案等，不得使用破损、污损、褪色的党徽党旗，不得制作使用任何不符合《中国共产党党徽党旗条例》所附制法说明的党徽党旗。不得倒挂、倒插或者以其他有损党徽党旗尊严的方式悬挂、使用党徽党旗。

117. 受党内处分的同志，能不能参加党的组织生活？

犯了错误的党员，只要党组织没有决定给予开除党籍的处分，就应当照常参加党的组织生活。不能轻易地取消一个党员参加党的组织生活的权利。有的党员犯了严重错误，问题一时搞不清楚，党组织在短期内难以作出处理决定，可以让他留在党内继续审查，但时间不宜拖得太久。

118. 党员长期不参加党的组织生活应当如何处理？

是否自觉地、积极主动地参加党的组织生活，是衡量一个党员党性强弱的重要标志之一。每个党员，包括担任领导职务的党员，如无特殊原因不参加党的组织生活，应进行批评教育；如长期不参加党的组织生活，应按党章规定处理。党章规定，党员如果没有正当理由，连续 6 个月不参加党的组织生活，或不交纳党费，或不做党所分配的工作，就被认为是自行脱党。支部大会应当决定把这样的党员除名，并报上级党组织批准。

119. 党员日常教育管理主要方式有哪些？

党员日常教育管理主要方式有：党支部应当运用“三会一课”制度，对党员进行经常性的教育管理。党员应当按期参加党员大会、党小组会和上党课，进行学习交流，汇报思想、工作等情况。党员领导干部应当参加双重组织生活。党支部应当每月开展 1 次主题党日，贴近党员思想和工作实际，组织党员集中学习、过组织生活、进行民主议事和开展志愿服务等。党支部每年至少召开 1 次组织生活会，也可以根据工作需要随时召开，一般以党员大会、党支部委员会会议或者党小组会形式进行。党支部一般每年开展 1 次民主评议党员。党支部召开党员大会，按照个人自评、党员互评、民主测评的程序，组织党员进行评议。党支部委员会会议或者党员大会根据评议情况和党员日常表现情况，提出评定意见。基层党组织应当注重分析党员思想状况和心理状态，党组织负责人应当经常同党员谈心谈话，有针对性地做好思想政治工作。党组织应当按照党中央部署要求，组织党员认真参加党内集中学习教育，引导党员围绕学习教育主题，深入学习党的创新理论，查找解决自身存在的突出问题。党组织应当充分发挥党员的先锋模范作用，结合不同群体党员实际，通过树立、学习身边的榜样，设立党员示范岗、党员责任区，开展设岗定责、承诺践诺等，引导党员做好本职工作，干在实处、走在前列，创先争优，在联系服务群众、完成重大任务中勇于担当作为，做到平常时候看得出来、关键时刻站得出来、危急关头豁得出来。鼓励和引导党员参与志愿服务。党员应当积极参加党组织开展的志愿服务活动，也可以自行开展志愿服务活动。

120. 什么是“三会一课”制度？

“三会一课”制度，是我们党在实践中形成的行之有效的党员教育管理的一项重要制度。“三会一课”中的“三会”，指定期召开支部党员大会、支部委员会、党小组会；“一课”，指按时上好党课。《关于新形势下党内政治生活的若干准则》指出：“‘三会一课’要突出政治学习和教育，突出党性锻炼，坚决防止表面化、形式化、娱乐化、庸俗化。领导干部要以普通党员身份参加所在党支部或党小组的组织生活，坚持党员领导干部讲党课制度。”

支部党员大会，是本支部全体党员必须参加的会议，一般每季度召开一次。党支部也可根据实际情况的需要，提前召开。但如无特殊情况，不得延期召开。支部党员大会，每个党员必须参加，不得无故缺席。党支部委员会会议，是由党支部委员参加的会议，因而又称支委会，是研究和部署本支部工作、研究和制定贯彻落实上级党组织指示为主要内容的会议，一般每月召开一次，特殊情况下，可根据工作需要和实际情况随时召开，以解决本支部工作中的重要问题。党小组会，是由党小组所属党员参加的会议，一般每月召开一次。因为党小组不是党的一级组织，只是为了便于组织党员学习、过组织生活和开展其他活动，根据党员数量和分布情况而成立的，党员数量少的党支部可以不成立党小组，因而党小组会议的主要内容，就是协助党支部组织党员学习，分配党员工作，组织、督促党员开展批评和自我批评、按时交纳党费、参加党的各项活动，协助党支部做好党员鉴定，培养入党积极分子，接收预备党员以及做好预备党员的教育、培养、考察和转正工作等。党课，是党的各级组织向党员宣传党的路线方针政策，进行党性、党纪和党的基本知识教育的大课堂，一般每半年上一次党课。党课可由党支部，也可由基层党委来组织。党课的主讲人，可以是党支部成员或基层党委领导同志，党支部书记、基层党委书记要主动、亲自讲党课，这样可以使党课内容更好地与本党组织党员的思想和工作实际相联系；也可以邀请专家学者或上级党组织领导同志讲党课，这样可以将党课讲得更全面、更深刻、更精准。

121. 什么是民主评议党员？

民主评议党员，就是按照党章规定的党员条件，在集中学习、谈心谈话、征求意见的基础上，通过党员评议和党支部评定，对每名党员在政治、纪律、品德和作用发挥等方面作出客观评价，表扬优秀党员，评定不合格党员，激励广大党员强化党的观念、提高党性修养。民主评议党员每年开展一次，一般安排在年底进行。党支部召开党员大会，按照个人自评、党员互评、民主测评的程序，对党员进行评议。个人自评要摆出存在的问题，进行自我批评、作出自我评价；党员互评要摆事实、讲表现，提出具体意见；民主测评采取发放测评表的方式，按照“优秀”“合格”“基本合格”“不合格”四种等次，对党员进行投票测评。党支部结合评议情况，综合分析党员日常表现，给每名党员评定等次并向本人反馈。对评为优秀的党员予以表扬，对评为合格的党员提出希望和要求，对评为基本合格的党员指出差距、帮助改进，对评为不合格的党员，立足教育帮助，促进转化提高，按照党内有关规定作出相应组织处置。

四、廉洁纪律常识

122. 什么是党的廉洁纪律？

清正廉洁，是共产党人的基本底线。廉洁纪律是党为确保各级组织和党员在从事公务和其他活动时清正廉洁而确立的行为规则。党章明确规定，“党的各级领导干部必须信念坚定、为民服务、勤政务实、敢于担当、清正廉洁”。廉洁纪律是为全体党员干部在廉洁方面划定的不可触碰的底线，引导党员干部一身正气、两袖清风，清清白白做人，干干净净做事，拒腐蚀、永不沾。

廉洁自律是党员干部应尽的职责，也是保持党的先进性和纯洁性的重要保障。《中国共产党廉洁自律准则》提出了“坚持公私分明，先公后私，克己奉公”“坚持崇廉拒腐，清白做人，干净做事”“坚持尚俭戒奢，艰苦朴素，勤俭节约”“坚持吃苦在前，享受在后，甘于奉献”的党员廉洁自律规范和“廉洁从政，自觉保持人民公仆本色”“廉洁用权，自觉维护人民根本利益”“廉洁修身，自觉提升思想道德境界”“廉洁齐家，自觉带头树立良好家风”的党员干部廉洁自律规范。《中国共产党廉洁自律准则》是我们党坚持正面倡导、面向全体党员的规范全党廉洁自律工作的重要基础性法规，重在立德向善，为全面从严治党树立了道德高线，也向广大党员和领导干部发出了道德宣示。

《中国共产党纪律处分条例》为全面从严治党划出了底线要求，在第八章中规定了对违反廉洁纪律行为的处分，为党组织和党员划出了具体负面清单的廉洁纪律红线。“廉者，政之本也。”廉洁从政，秉公用权，是我们党的光荣传统和优良作风。党员干部要认真遵守党的廉洁纪律，搞清楚、弄明白“我是谁、为了谁、依靠谁”，筑牢拒腐防变的思想防线，正确行使人民赋予的权力，坚持原则，反对滥用职权、谋求私利的行为，自觉做到公正用权、依法用权、为民用权、廉洁用权，以严于律己、廉洁奉公的实际行动攻坚克难、建功立业。

123. 如何区分违规送礼和行贿？

违规送礼，是指党员干部向从事公务的人员及其配偶、子女及其配偶等亲属和其他特定关系人赠送明显超出正常礼尚往来的礼品、礼金、消费卡（券）和有价证券、股权、其他金融产品等财物的行为。正常的赠送财物的相互之间的礼尚往来，常见于亲朋好友之间，意在增进感情，主观上缺乏违规违纪故意，不具有社会危害性，不构成违纪违法。对不属于正常礼尚往来但系基于公职人员吃拿卡要等原因，主观上没有违规故意的送礼行为，也不能认定为违纪违法。但是，当送礼行为违反规定，超过必要的限度，达到情节较重时，就应当依规依纪依法追究违规送礼人的责任。对党员、监察对象违规向有关公职人员及其特定关系人赠送礼品、礼金的，应当根据《中国共产党纪律处分条例》和《中华人民共和国公职人员政务处分法》的相关规定处理，其中需要把握追究党纪政务责任的两个条件：一是明显超出正常礼尚往来，可能影响公正执行公务，二是情节较重。对此，不能单纯以数额大小界定“明显”与“情节严重”，而是要结合当地正常人情礼节实际、赠送财物的价值及频次、对公务执行的影响以及社会反响等因素予以综合认定。对违规赠送但不构成违纪违法或者构成违纪违法但可以免予或不予处分的，应当给予批评教育、责令检查或诫勉等处理。对单位违规送礼的，既要准确认定责任主体，包括直接责任和领导责任，还要把握好追究责任的条件，做到宽严相济。

行贿是给予国家工作人员以财物或各种名义的回扣、手续费等，以谋取非法利益为目的，并使国家或社会利益遭受了损失。刑法第三百八十九条规定：“为谋取不正当利益，给予国家工作人员以财物的，是行贿罪。在经济往来中，违反国家规定，给予国家工作人员以财物，数额较大的，或者违反国家规定，给予国家工作人员以各种名义的回扣、手续费的，以行贿论处。因被勒索给予国家工作人员以财物，没有获得不正当利益的，不是行贿。”行贿属于刑事犯罪。

《中华人民共和国刑法修正案（十二）》规定，“对犯行贿罪的，处三年以下有期徒刑或者拘役，并处罚金；因行贿谋取不正当利益，情节严重的，或者使国家利益遭受重大损失的，处三年以上十年以下有期徒刑，并处罚金；情节特别严重的，或者使国家利益遭受特别重大损失的，处十年以上有期徒刑或者无期徒刑，并处罚金或者没收财产”。“为谋取不正当利益，给予国家机关、国有公司、企业、事业单位、人民团体以财物的，或者在经济往来中，违反国家规定，给予各种名义的回扣、手续费的，处三年以下有期徒刑或者拘役，并处罚金；情节严重的，处三年以上七年以下有期徒刑，并处罚金。”“单位为谋取不正当利益而行贿，或者违反国家规定，给予国家工作人员以回扣、手续费，情节严重的，对单位判处罚金，并对其直接负责的主管人员和其他直接责任人员，处三年以下有期徒刑或者拘役，并处罚金；情节特别严重的，处三年以上十年以下有期徒刑，并处罚金。因行贿取得的违法所得归个人所有的，依照本法第三百八十九条、第三百九十条的规定定罪处罚。”

行贿罪强调的是行为人有利用国家工作人员职务上的便利为自己谋取不正当利益的动机和目的，才给予国家工作人员财物。这一点正是违规送礼与行贿的本质区别。同样都是给予公职人员财物，有明确请托事项，请求公职人员利用职权为其谋取不正当利益的，涉嫌行贿犯罪。如果没有请托事项，没有请求公职人员利用职权为自己谋取不正当利益的目的，但明显超出正常礼尚往来范围的，则涉嫌违规送礼。违规送礼的对象不仅仅限于公职人员，还包括其配偶、子女及其配偶等亲属和其他特定关系人，这个范围比行贿的对象范围要大，体现了党纪和法律对党员和公职人员的要求更严。

124. 如果收礼人判断礼品、礼金不影响公务执行，是否可以收受呢？

现实中，一些党员干部存在这样的思想误区：只要收受的礼品、礼金不影响公正执行公务，便可以收受。但依据《中国共产党纪律处分条例》，收受不影响公务执行礼品、礼金的行为，在一定条件下，依然会构成违纪。2023 年修订的《中国共产党纪律处分条例》第九十七条、第九十八条指出了收受可能影响公正执行公务的礼品、礼金、消费卡（券）和有价证券、股权、其他金融产品等财物，以及向从事公务的人员及其配偶、子女及其配偶等亲属和其他特定关系人赠送明显超出正常礼尚往来的礼品、礼金、消费卡（券）和有价证券、股权、其他金融产品等财物行为，并增加了“以讲课费、课题费、咨询费等名义变相送礼的，依照前款规定处理”这一条款。收礼的党员干部自己判断礼品、礼金不影响公正执行公务，有时虽与公正执行公务无关，但已经明显超出正常礼尚往来的范围，违反了廉洁纪律。

中国是礼仪之邦，有礼尚往来的传统。但在现实生活中，一些“礼尚往来”变成了“利上往来”，有些别有用心者，以“礼”相待、以“金”开道，向党员干部送礼行贿。一些党员干部认为平时收的礼品、礼金不会有问题，逐渐被“温水煮青蛙”，导致一步步迈向严重违纪违法的深渊。一名落马的贪官曾忏悔：“我手中有了权力，一些老板就想方设法接近我，逢年过节送个三五千元的红包。礼尚往来，这在官场是平常事，我也没在意，哪知道出事后一加，居然收了这么多。”在日常的工作和生活中，党员干部可以有正常的社会交往和礼尚往来，但要交往有度、交往有节，时刻保持君子之交，真正做到“心不动于微利之诱，目不眩于五色之惑”，始终保持清醒头脑和政治定力，坚持从小事小节上加强修养，管住自己的手，不该拿的不拿、不该要的不要，从一点一滴中砥砺品质，严守规矩、不逾底线，永葆共产党人拒腐蚀、永不沾的政治本色。

125. 严禁权权交易的纪律要求是什么？

《中国共产党纪律处分条例》第九十五条规定：“相互利用职权

或者职务上的影响为对方及其配偶、子女及其配偶等亲属、身边工作人员和其他特定关系人谋取利益搞权权交易的，给予警告或者严重警告处分；情节较重的，给予撤销党内职务或者留党察看处分；情节严重的，给予开除党籍处分。”

权权交易是一种比较隐蔽的违纪违法手段。现实中，个别领导干部将权力视为私器，以权谋私，权力寻租，利用手中的权力互为对方谋取利益。领导干部要树立正确的权力观，守住不进行权权交易的底线，切莫将公权力与私利混为一谈，在用权时坚持公私分明、不可越界，否则一旦因公权力滥用造成不良影响，无论自己是否直接获利，均要受到严厉惩处。领导干部要清楚，为对方谋取利益的受益主体，既包括自己或自己的亲属，也包括身边工作人员和其他特定关系人。

126. 党员干部如何管好“身边人”？

筑牢拒腐防变的防线，党员干部不仅要洁身自好，更要管好子女、亲属、工作人员等“身边人”。有些党员干部，特别是领导干部有意无意疏忽了对“身边人”的约束，导致“身边人”或打着特权的名号吃拿卡要，或背地里搞特权、办私事，不仅侵害了群众利益，更损害了党的形象。《关于新形势下党内政治生活的若干准则》明确指出，领导干部要“教育管理好亲属和身边工作人员。严格执行领导干部个人有关事项报告制度，进一步规范领导干部配偶子女从业行为。禁止利用职权或影响力为家属亲友谋求特殊照顾，禁止领导干部家属亲友插手领导干部职权范围内的工作、插手人事安排。各级领导班子和领导干部对来自领导干部家属亲友的违规干预行为要坚决抵制，并将有关情况报告党组织”。

《中国共产党纪律处分条例》等有关党员干部管好“身边人”的相关规定主要有：不得纵容、默许配偶、子女及其配偶等亲属、身边工作人员和其他特定关系人利用党员干部本人职权或者职务上的影响谋取私利；不得利用职权或者职务上的影响，为配偶、子女及其配偶等亲属和其他特定关系人在审批监管、资源开发、金融信贷、大宗采购、土地使用权出让、房地产开发、工程招投标以及公共财政收支等方面谋取利益；不得利用职权或者职务上的影响，为配偶、子女及其配偶等亲属和其他特定关系人吸收存款、推销金融产品、经营名贵特产类特殊资源等提供帮助谋取利益；离职或者退（离）休后不得利用原职权或者职务上的影响，为配偶、子女及其配偶等亲属和其他特定关系人从事经营活动谋取利益，不得为他人谋取利益，本人的配偶、子女及其配偶等亲属和其他特定关系人不得收受对方财物；党员干部的配偶、子女及其配偶，不得违反有关规定在该党员干部管辖的地区和业务范围内从事可能影响其公正执行公务的经营活动，或者有其他违反经商办企业禁业规定行为；党员干部不得违反工作、生活保障制度，在交通、医疗、警卫等方面为本人、配偶、子女及其配偶等亲属、身边工作人员和其他特定关系人谋求特殊待遇；不得利用职权或者职务上的影响，将应当由本人、配偶、子女及其配偶等亲属、身边工作人员和其他特定关系人个人支付的费用，由下属单位、其他单位或者他人支付、报销；党员干部要重视家风建设，不得对配偶、子女及其配偶失管失教。以上规定，细致而具体，划定党员干部不可触碰的廉洁底线，党员干部要清白做人、干净做事，管好“身边人”，拒腐蚀、永不沾，做到心有所戒、行有所止。

127. 党员干部违规从事营利活动有哪些具体表现形式？

《中国共产党纪律处分条例》第一百零三条第一款规定，党员干部违反有关规定从事营利活动，主要有以下表现形式：“（一）经商办企业；（二）拥有非上市公司（企业）的股份或者证券；（三）买卖股票或者进行其他证券投资；（四）从事有偿中介活动；（五）在国（境）外注册公司或者投资入股；（六）其他违反有关规定从事营利活动的行为。”同时，根据该条第二款、第三款规定，“利用参与企业重组改制、定向增发、兼并投资、土地使用权出让等工作中掌握的信息买卖股票，利用职权或者职务上的影响通过购买信托产品、基金等方式非正常获利的”“违反有关规定在经济组织、社会组织等单位中兼职，或者经批准兼职但获取薪酬、奖金、津贴等额外利益的”，也属于违规从事营利活动的表现形式。

128. 党员干部可以投资理财吗？

党中央向来禁止党员干部违规从事营利活动。对违规从事营利活动的党员干部，会给予党的纪律处分。但是，党中央对党员干部通过正当的途径投资理财，增加个人和家庭财富，并不限制。例如，党员干部用本人或家庭财产购买股票、购买银行理财产品、购买投资型保险、购买投资贵金属、购买房产和商铺以及存入银行获取利息等，这些活动只要是党员干部没有利用手中的权力以权谋私，没有侵害党、国家和人民的利益，没有与群众争利，都是允许的。当然，党员干部的投资理财行为，需要按照有关规定向组织报告，对于隐瞒不报的，将根据《中国共产党纪律处分条例》的相关规定给予党纪处分。

129. 党员可以经商办企业吗？

一般党员可以经商办企业，公务员中的党员不可以经商办企业。《中华人民共和国公务员法》第五十九条规定，公务员不得“违反有关规定从事或者参与营利性活动，在企业或者其他营利性组织中兼任职务”。为党员干部经商办企业划出红线，是对党员干部的一种保护。当官发财两条道，当官就不要发财，发财就不要当官。具有公职身份的党员干部是社会公共事务的管理者和服务者，其经商、办企业，会占用大量工作时间和自身精力，并且容易导致以权谋私、损公肥私，影响正常的市场经济秩序，更会影响党和政府在群众中的威信和地位。同时，《中华人民共和国公职人员政务处分法》也对党员干部违规从事营利性活动作出了相应的处分规定。第三十六条规定：“违反规定从事或者参与营利性活动，或者违反规定兼任职务、领取报酬的，予以警告、记过或者记大过；情节较重的，予以降级或者撤职；情节严重的，予以开除。”就是为了防止公职人员边做官边经商，公私不分，利用职权或职务上的影响谋取私利，破坏社会公平。对于事业单位的党员干部来说，要考虑其是属于参照公务员法管理的人员还是专业技术岗位人员，根据国家、地区、行业、系统等相关规定具体分析，参照公务员法管理的人员一律不准经商办企业。对于科研人员等专业技术人员，根据自身岗位和有关规定情况，看能否经商办企业；对于国有企业党员干部来说，根据《国有企业领导人员廉洁从业若干规定》等规定，国有企业领导人员及对国有资产负有经营管理责任的人员不得经商办企业，其他人员则参照地区、行业领域、系统、单位等相关禁止性规定执行；对于农村基层的党员干部来说，一般没有特殊限制，只要没有侵害集体利益，不影响正常履职，原则上都是允许的。

2022 年 6 月，中共中央办公厅印发的《领导干部配偶、子女及其配偶经商办企业管理规定》要求，对领导干部不如实报告配偶、子女及其配偶经商办企业情况，配偶、子女及其配偶违反禁业规定经商办企业和以委托代持、隐名投资等形式虚假退出，以及利用职权为配偶、子女及其配偶经商办企业提供便利、谋取私利等行为，依规依纪依法进行严肃处理，对管理不力造成严重后果或不良影响的责任单位和责任人员进行严肃问责。《中国共产党纪律处分条例》第一百零七条规定："党员领导干部的配偶、子女及其配偶，违反有关规定在该党员领导干部管辖的地区和业务范围内从事可能影响其公正执行公务的经营活动，或者有其他违反经商办企业禁业规定行为的，该党员领导干部应当按照规定予以纠正；拒不纠正的，其本人应当辞去现任职务或者由组织予以调整职务；不辞去现任职务或者不服从组织调整职务的，给予撤销党内职务处分。"要进一步完善对亲属违规经商办企业行为拒不纠正的处分规定，促进党员领导干部廉洁从政、廉洁用权、廉洁修身、廉洁齐家。

130. 党员干部从事书画、写作、讲学、审稿等获取收益，是否属于违规从事营利活动？

根据有关规定，从事书画、写作、讲学、审稿等行为并获取收益，如果没有影响正常工作或行使职权，没有索取收受与付出不对等的财物，均不属于违规从事营利活动。但是，党员干部如果以书画、写作、讲学、审稿等为借口，利用职权或职务上的便利，为自己谋取不正当利益，甚至变相收受贿赂，那就涉嫌违纪违法了。比如，以下这些情况：一些党员干部在书画协会挂名兼职，以此抬高书画价格，扰乱书画艺术市场，并向特定人员高价出售，谋取不正当利益。这就是违规违纪行为了，甚至还可能构成受贿犯罪。又如，党员干部如果用公款为个人出书，或者搞摊派销售，也是违规违纪行为。

同时，领导干部从事书画、讲学、写作、审稿等获得的收益，要根据《领导干部报告个人有关事项规定》要求，如实向组织申报，隐瞒不报或弄虚作假的，也要追究纪律责任。所以，党员干部从事书画、写作、讲学、审稿等，一定要守好纪法底线，切莫将“雅好”变成“雅腐”，打着文艺的幌子搞权钱交易、权力寻租。否则，会受到党纪处分。

131. 党员领导干部离职或退休后，是否一律不能从事经营活动或社会活动？

一般来说，党员领导干部离职或退休后可以从事一些经营活动或社会活动，只要与其原任职务管辖地区或和业务范围没有关联即不受约束。实践中，有些党员领导干部离职或者退（离）休后，利用其在职期间的职权影响和所掌握的资源，谋取非法利益，损害党和政府形象，造成不良影响。因此，《中国共产党纪律处分条例》第一百零五条规定，“离职或者退（离）休后违反有关规定接受原任职务管辖的地区和业务范围内或者与原工作业务直接相关的企业和中介机构等单位的聘用，或者个人从事与原任职务管辖业务或者与原工作业务直接相关的营利活动”“党员领导干部离职或者退（离）休后违反有关规定担任上市公司、基金管理公司独立董事、独立监事等职务”，都属于违反廉洁纪律的行为，应当视情节轻重给予纪律处分，进一步增强离职退休党员的党性观念和党纪意识，做到离岗不离党、退休不褪色。

132. 党员领导干部离职或退休后从业限制的期限是多长？

《中华人民共和国公务员法》第一百零七条规定：“公务员辞去公职或者退休的，原系领导成员、县处级以上领导职务的公务员在离职三年内，其他公务员在离职两年内，不得到与原工作业务直接相关的企业或者其他营利性组织任职，不得从事与原工作业务直接相关的营利性活动。”“公务员辞去公职或者退休后有违反前款规定行为的，由其原所在机关的同级公务员主管部门责令限期改正；逾期不改正的，由县级以上市场监管部门没收该人员从业期间的违法所得，责令接收单位将该人员予以清退，并根据情节轻重，对接收单位处以被处罚人员违法所得一倍以上五倍以下的罚款。”根据

《国有企业领导人员廉洁从业若干规定》的要求，国有企业领导人员离职或者退休后三年内，不得在与原任职企业有业务关系的私营企业、外资企业和中介机构担任职务、投资入股，或者在上述企业或者机构从事、代理与原任职企业经营业务相关的经营活动。

133. 落实中央八项规定精神和反“四风”，是一阵风的事情吗？

自中央出台八项规定及推进“铁腕反腐”后，党员干部群体中的“四风”问题不断减少，政治生态不断得到改善。据《中国纪检监察报》2024 年 1 月 28 日报道：“党的二十大以来，截至 2023 年 11 月，全国共查处形式主义、官僚主义问题 4.8 万起，批评教育和处理 7.5 万人。”违反中央八项规定精神的问题类型，总的来说，就是与工作作风建设、党群干群关系密切相关的一些问题，其核心是“四风”问题，具体分为两大类，一类是形式主义、官僚主义问题，另一类是享乐主义、奢靡之风问题。“四风”问题是实现新时代新征程党的使命任务的大敌。落实中央八项规定精神、反“四风”，绝不是一阵风。二十届中央纪委三次全会对深化落实中央八项规定精神作出部署，突出常态长效深化落实中央八项规定精神，持续释放出不松劲、不停步，对“四风”问题紧盯不放、一抓到底的强烈信号。要把严的基调落实到纠治“四风”全过程各方面，坚持全面从严、一严到底，驰而不息纠“四风”、树新风，努力营造风清气正的政治生态。必须奔着问题去、盯住问题改，常态化纠治老问题、新情况，让反复发作的老问题逐渐减少、新出现的问题难以蔓延，以实际问题的解决，使干部群众感受到风气的持续向好。必须盯住“四风”新情况新动向，抓早抓小、防微杜渐，对违规吃喝开展专项整治，严查“吃公函”“吃食堂”“吃老板”“吃下级”等问题。力度不松纠治享乐主义、奢靡之风，必须精准研判新情况新动向。要加强分析研判，善于从信访举报、监督检查、审查调查、舆情反映等情况中，发现“四风”问题新苗头、隐形变异新表现，露头就打、反复敲打，对顶风违纪行为从严查处，深挖背后的请托办事、利益输送等腐败问题，坚决破除特权思想和特权行为。

作风问题关系人心向背，关系党的执政基础。各级党组织要切实落实全面从严治党政治责任，深刻认识中央八项规定精神是长期有效的铁规矩、硬杠杠，享乐奢靡之风禁而未绝，最易败坏风气、伤害民心。落实中央八项规定精神，必须突出常态长效，在常和长、严和实、深和细上下功夫，坚持抓常、抓细、抓长，特别是要防范和查处各种隐性、变异的“四风”问题，把落实中央八项规定精神常态化、长效化，以钉钉子精神纠治群众深恶痛绝、损害党的执政根基的“四风”问题，以优良作风凝心聚力。

党员干部要做贯彻落实中央八项规定精神的模范。《党政领导干部选拔任用工作条例》明确规定：“加强作风考察，深入了解为民服务、求真务实、勤勉敬业、敢于担当、奋发有为，遵守中央八项规定精神，反对形式主义、官僚主义、享乐主义和奢靡之风等情况。”推动广大党员干部做到思想从严、守纪从严、作风从严，习惯在受监督和约束的环境中工作生活。违反中央八项规定精神问题主要适用《中国共产党纪律处分条例》廉洁纪律的条款，也有个别适用工作纪律以及其他纪律的条款。

134. 为什么说学风问题是一个重大政治问题？

学风连着党风，决定政风。习近平总书记强调，学风问题是关系党的事业兴衰成败的一个重大政治问题。面对复杂严峻的国际国内形势，推进强国建设、民族复兴伟业，必须更加崇尚学习、加强学习，不断跟上时代步伐、执政要求。现实中，在部分党员干部中存在着学习风气不浓、学习不够深入的问题，有的党员干部抱着学习"无用论"思想，认为工作是硬指标，学习是软任务，学不学无所谓；一些党员干部借口工作忙，学习"没时间"，整天忙于迎来送往，不看报纸、不读书，导致理论水平不高、工作能力不强；有的党员干部在理论学习中敷衍了事，浅尝辄止，抱着"应付主义"的态度，蜻蜓点水，浮光掠影，仅仅满足于一知半解、检查"过关"，不肯下苦功夫、真功夫。学风不正的问题如果不认真解决好，必然会害己害人，误党误国。

学风问题也是作风问题，学风决定着思想作风、工作作风、领导作风和生活作风。加强纪律作风建设，必须从端正学风这个基础开始。《关于新形势下党内政治生活的若干准则》对党员干部学习制度提出明确要求："坚持和创新党内学习制度。以党委（党组）中心组学习等制度为主要抓手，各级党组织要定期开展集体学习。党员、干部每年要完成规定的学习任务，领导干部要定期参加党校学习。坚持开展党内集中学习教育。各级党组织要加强督促检查，把学习情况作为领导班子和领导干部考核的重要内容。"因此，党员干部要大兴读书学习之风，牢固树立终身学习的理念，真正把读书学习当成一种生活态度、一种工作责任、一种精神追求，勤奋学习，勇于钻研，本着“干什么学什么，缺什么补什么”原则，充电加油，强筋补钙，切实解决“能力不足”“本领恐慌”问题。大力弘扬理论联系实际的马克思主义学风，真正做到学以致用、用以促学、学用相长，切实把理论学习成果转化为高质量发展的强大动力，转化为担当作为的实际成效，为全面建设社会主义现代化国家贡献智慧和力量。

135. 党员干部参加教育培训，有怎样的纪律要求？

干部教育培训是建设高素质干部队伍的先导性、基础性、战略性工程，在推进中国特色社会主义伟大事业和党的建设新的伟大工程中具有不可替代的重要作用。干部学习教育培训，不是可有可无，更不是软任务、软要求。2023 年 9 月，中共中央发布的《干部教育培训工作条例》明确规定：“省部级、厅局级、县处级党政领导干部和四级调研员及相当层次职级以上公务员，经组织选调，应当每 5 年参加党校（行政学院）、干部学院等干部教育培训机构脱产培训，以及干部教育培训主管部门认可的其他集中培训，累计不少于 3 个月或者 550 学时。提拔担任领导职务的，确因特殊情况在提任前未达到教育培训要求的，应当在提任后 1 年内完成培训。干部教育培训主管部门应当作出规划，统筹安排。”“乡科级党政领导干部和一级主任科员及相当层次职级以下公务员，应当每年参加干部教育培训主管部门认可的集中培训，累计不少于 12 天或者 90 学时。”“干部应当结合岗位职责参加网络培训，完成规定的学时。”“干部在参加组织选派的脱产培训期间，一般应当享受在岗同等待遇，一般不承担所在单位的日常工作、出国（境）考察等任务。因特殊情况确需请假的，必须严格履行手续，累计请假时间原则上不得超过总学时的 1/7，超过的应予退学。”“干部个人参加社会化培训，费用一律由本人承担，不得由财政经费和单位经费报销，不得接受任何机构和他人的资助或者变相资助。”同时，《干部教育培训工作条例》还对干部违反教育培训规定行为作出具体处理规定：“干部因故未按规定参加教育培训或者未达到教育培训要求的，应当及时安排补训。对无正当理由不参加教育培训的，由干部管理部门视情节轻重给予批评教育、组织处理。干部弄虚作假获取培训经历的，由干部管理部门按照有关规定严肃处理。”“干部参加教育培训期间必须严格遵守学习培训和廉洁自律各项规定。违反本条例和有关规定的，由干部教育培训机构视情节轻重给予约谈提醒、通报批评、责令退学等处理；情节严重的，由有关部门给予组织处理、党纪政务处分。”

党员干部参加教育培训要真学真训，严格遵守纪律，确保学习质量。党员干部不能有“学习培训就是去放松放松，随便混混就过去了”等错误认识，端正学习态度，认真参加教育培训，坚持学用结合，务求学习实效。《中国共产党纪律处分条例》对“以学习培训、考察调研、职工疗养等为名变相公款旅游”的行为规定了相应的党纪处分。

136. 对违规发放津贴、福利的行为应怎么处理?

正常的津贴补贴、节日福利是党员干部应当享有的基本权益，合法合规，可以体现组织的关怀与温暖，激发党员干部干事热情和动力。有的打着“为职工搞福利”的旗号，违规给干部职工发放津贴、补贴、奖金或福利的行为，实质是假公济私、损公肥私，严重损害国家和集体的利益。还有的慷公家之慨，借发放津贴、福利从中捞一笔，为自己谋利，这些都是为纪法所不容的。《中国共产党纪律处分条例》第一百一十四条明确规定：“违反有关规定自定薪酬或者滥发津贴、补贴、奖金、福利等，对直接责任者和领导责任者，情节较轻的，给予警告或者严重警告处分；情节较重的，给予撤销党内职务或者留党察看处分；情节严重的，给予开除党籍处分。”因此，在发放正常的津贴、补贴、奖金和福利的过程中，一方面，要保障干部职工按规定享有的正常福利待遇；另一方面，要坚决防止出现那种领导干部假借发放补贴和奖金之名自己多拿、多占甚至变相为领导干部发放补贴的行为。

137. 违反会议活动管理规定的哪些行为，会受到党纪处分?

会议活动是实施管理的重要手段，党组织和党员干部可以通过会议了解和掌握情况，分析研究决策，安排部署工作，更好地推动发展。可以说，加强会议活动管理是改进工作作风、提高领导水平的重要抓手。《党政机关厉行节约反对浪费条例》规定：“党政机关应当精简会议，严格执行会议费开支范围和标准。”“党政机关会议实行分类管理、分级审批。财政部门应当会同机关事务管理等部门制定本级党政机关会议费管理办法，从严控制会议数量、会期和参会人员规模。完善并严格执行严禁党政机关到风景名胜区开会制度规定。”中共中央办公厅、国务院办公厅印发的《党政机关国内公务接待管理规定》明确规定：“各级党政机关应当加强公务外出计划管理，科学安排和严格控制外出的时间、内容、路线、频率、人员数量，禁止异地部门间没有特别需要的一般性学习交流、考察调研，禁止重复性考察，禁止以各种名义和方式变相旅游，禁止违反规定到风景名胜区举办会议和活动。”这些规定为会议活动管理划出了工作底线，各级党组织和党员干部务必认真遵守和执行会议活动管理的纪律规定。

《中国共产党纪律处分条例》第一百一十八条规定，“违反会议活动管理规定，有下列行为之一，对直接责任者和领导责任者，情节较重的，给予警告或者严重警告处分；情节严重的，给予撤销党内职务处分：（一）到禁止召开会议的风景名胜区开会；（二）决定或者批准举办各类节会、庆典活动；（三）其他违反会议活动管理规定行为。”因此，各级党组织和广大党员干部要认真落实中央八项规定及其实施细则精神，进一步加强会议活动管理，切实改进会风，通过会风转变促进工作作风转变，提高工作质量和工作效率。

138. 举办评比达标表彰、创建示范活动，有着怎样的纪律约束？

评比达标表彰、创建示范活动是激励先进、鼓舞士气、加强管理、推动工作的有效手段。但现实中，一些地方和部门的评比、创建活动过多过滥，只做表面文章、耍花架子，没有起到应有的激励、推动作用，还劳民伤财，助长虚报浮夸、形式主义等不正之风，甚至引发腐败，在群众中产生极坏影响，必将受到党纪严惩。《中国共产党纪律处分条例》第一百一十八条规定，“擅自举办评比达标表彰、创建示范活动或者借评比达标表彰、创建示范活动收取费用的，对直接责任者和领导责任者”，给予党纪处分。

2018 年 12 月，中共中央办公厅、国务院办公厅发布《评比达标表彰活动管理办法》，2022 年 4 月，中共中央办公厅、国务院办公厅发布《创建示范活动管理办法（试行）》，分别对评比达标表彰、创建示范活动进行了全面规范，明确了设立、调整或者变更评比达标表彰项目要求、审批、管理等事项，创建示范活动的程序、考评等方面要求。如，评比达标表彰工作实行中央和省（自治区、直辖市）两级审批制度。审批权限不得擅自下放或者变相下放。党中央、国务院负责审批中央和国家机关、人民团体、有关社团及其所属单位的评比达标表彰项目和各省（自治区、直辖市）的省级评比达标表彰项目。各省（自治区、直辖市）党委和政府负责审批本地区省级以下评比达标表彰项目。各省（自治区、直辖市）评比达标表彰工作协调机构应当及时将省级以下项目设立、调整或者变更情况报全国评比达标表彰工作协调小组备案。各地区各部门开展评比达标表彰活动，必须严格控制数量，不得要求下级单位配套开展。申请设立创建示范活动应当提出工作方案，内容包括活动名称、理由依据、主办单位、创建对象或者范围、活动设置、创建数量、考评指标、评估周期、活动时限、具体措施、认定形式、监督管理、退出机制、经费来源等。已经批准保留的创建示范活动，调整或者变更活动名称、主办单位、创建对象或者范围、活动设置、创建数量等，应当提出调整变更申请。按照有关规定可以开展创建示范活动但未经批准的，应当按照本办法提出申请。创建示范活动原则上不再开展表彰活动，确需开展的，应当按照规定程序报批。这些详细的管理规定，为评比达标表彰、创建示范活动划出了具体标准和工作底线，各级党组织和党员干部要认真学习遵守。

139.《中国共产党纪律处分条例》对违反办公用房管理等规定的哪些行为给予处分？

办公用房，是指党政机关占有、使用或者可以确认属于机关资产的，为保障党政机关正常运行需要设置的基本工作场所，包括办公室、服务用房、设备用房和附属用房。对违反办公用房管理的行为，《中国共产党纪律处分条例》第一百一十九条明确规定："违反办公用房管理等规定，有下列行为之一，对直接责任者和领导责任者，情节较重的，给予警告或者严重警告处分；情节严重的，给予撤销党内职务处分：（一）决定或者批准兴建、装修办公楼、培训中心等楼堂馆所；（二）超标准配备、使用办公用房；（三）未经批准租用、借用办公用房；（四）用公款包租、占用客房或者其他场所供个人使用；（五）其他违反办公用房管理等规定行为。”各级党组织和党员干部要认真贯彻落实中共中央办公厅、国务院办公厅印发的《党政机关办公用房管理办法》，严格管理，推进办公用房资源合理配置和节约集约使用，保障正常办公，降低行政成本，促进党风廉政建设和节约型机关建设。

140. 党员领导干部廉政档案的主要内容包括什么？

廉政档案是纪检监察机关在对党员干部加强管理和监督过程中形成的反映党员干部基本情况和廉洁自律状况的历史记录。党的十八大以来，党中央和中央纪委高度重视建立党员领导干部廉政档案，将其作为掌握干部廉政情况、加强监督的重要基础性工作。《中国共产党党内监督条例》规定，“述责述廉报告应当载入廉洁档案，并在一定范围内公开”。根据《中国共产党纪律检查机关监督执纪工作规则》规定，纪检监察机关应当建立健全党员领导干部廉政档案，主要内容包括：任免情况、人事档案情况、因不如实报告个人有关事项受到处理的情况等；巡视巡察、信访、案件监督管理以及其他方面移交的问题线索和处置情况；开展谈话函询、初步核实、审查调查以及其他工作形成的有关材料；党风廉政意见回复材料；其他反映廉政情况的材料。廉政档案不但要内容全面、准确，还要动态管理、及时更新，精准反映党员领导干部廉政状况，把监督挺在前面、防微杜渐打实基础。

纪律

五、群众纪律常识

141. 什么是党的群众纪律？

党的群众纪律，是党的各级组织和全体党员在坚持以人民为中心的发展理念、贯彻执行党的群众路线和处理党群关系时必须遵守的行为规则，充分体现了党的性质和宗旨，是密切党同人民群众血肉联系、克服脱离群众危险的重要保证。党章规定，“党在任何时候都把群众利益放在第一位，同群众同甘共苦，保持最密切的联系，坚持权为民所用、情为民所系、利为民所谋，不允许任何党员脱离群众，凌驾于群众之上”，党员要“密切联系群众，向群众宣传党的主张，遇事同群众商量，及时向党反映群众的意见和要求，维护群众的正当利益”。

我们党的最大政治优势是密切联系群众，党执政后的最大危险是脱离群众。习近平总书记强调，“让老百姓过上好日子是我们一切工作的出发点和落脚点”①，“对一切侵犯群众合法权利的行为，对一切在侵犯群众权益问题上漠然置之、不闻不问的现象，都必须依纪依法严肃查处、坚决追责”②。党员干部要严守党的群众纪律，用好群众路线“传家宝”，坚定不移推动全面从严治党向基层延伸。站稳人民立场，坚持人民主体地位，尊重人民首创精神，践行以人

① 中共中央党史和文献研究院编：《习近平关于尊重和保障人权论述摘编》，中央文献出版社 2021 年版，第 111 页。
② 《习近平在中共中央政治局第三十七次集体学习时强调 坚定不移走中国人权发展道路 更好推动我国人权事业发展》，《人民日报》2022 年 2 月 27 日。

民为中心的发展思想，做到一切为了群众，一切依靠群众，从群众中来，到群众中去，为群众办实事、解难事，坚持问政于民、问需于民、问计于民，当好人民公仆。决不允许在群众面前自以为是、盛气凌人，决不允许当官做老爷、漠视群众疾苦，更不允许欺压群众、损害和侵占群众利益。要密切党群干群关系，把对上负责和对下负责一致起来，顺应人民群众对美好生活的向往，不断实现好、维护好、发展好最广大人民根本利益，做到发展为了人民、发展依靠人民、发展成果由人民共享。

142. 违反群众纪律行为的主要特征有哪些?

违反群众纪律的行为，是指违反党内法规以及国家法律法规中所规定的有关联系群众、服务群众等群众工作中必须遵循的行为规范和规则，依照党内法规应当受到党的纪律追究的行为。一是违纪主体为党员和党组织。二是主观方面，有的是党员或党组织故意违反党的群众纪律，有的出于过失或不明真相违反党的群众纪律，对于过失或不明真相的党员，可以按照规定从轻或者减轻处分。三是我们党始终保持同人民群众的血肉联系。所有违反群众纪律的行为，最终都会破坏党同人民群众的血肉联系，损害党的执政基础。四是客观方面必须具有违反群众纪律要求的具体行为。这里的“违反群众纪律的行为”，主要指《中国共产党纪律处分条例》第九章所规定的各种违反群众纪律的行为。行为人只要实施了其中的一种行为，就具备了构成违反群众纪律行为的客观要件。

143. 干涉生产经营自主权，致使群众财产遭受较大损失会受到什么处分？

《中国共产党纪律处分条例》第一百二十三条规定：“干涉生产经营自主权，致使群众财产遭受较大损失的，对直接责任者和领导责任者，给予警告或者严重警告处分；情节严重的，给予撤销党内职务或者留党察看处分。”

在社会主义市场经济环境下，人民群众对自己的生产经营应该有更大的自主权，搞什么样的种植、养殖，做什么样的生意，都应该由群众自己来决定。在现实中，一些地方领导干部工作浮躁，拍脑袋瞎指挥，不顾群众意愿，强迫命令群众生产经营，结果没有收到预期的经济效益和社会效果，引起群众的强烈不满。这样的行为违反了党的群众纪律。此项违纪构成，要注意三点：一是行为属于“干涉”性质的，如工作部署失误不在此列；二是构成“致使群众财产遭受较大损失的”后果；三是在责任者的责任追究上，此项违纪除了追究直接责任者，还要追究领导责任者。

144. 怎样区分干涉群众生产经营自主权与违法行政行为？

生产经营自主权，是指相对人（主要是企业、个人）在不违反国家法律的基础上所拥有的调配使用自己的人力、物力、财力，自行组织生产经营的权利。党员干部干涉群众生产经营自主权的行为，违背了群众的自主意愿，即使是在善意的情况下，也可能造成

“好心办坏事”的结果，为党的纪律所禁止。

如果有关行政机关和国家工作人员违反相关法律法规的规定，违法行使行政职权，干涉群众生产经营，致使公共财产、国家和广大人民群众利益遭受重大损失，涉嫌失职、渎职违法犯罪行为，其党纪责任追究，则应当依据《中国共产党纪律处分条例》总则第四章所规定的纪法衔接条款处理。

145. 党员干部充当黑恶势力“保护伞”，会受到什么处分？

黑恶势力是社会的毒瘤，严重破坏经济社会秩序，侵蚀人民切身利益，群众深恶痛绝。一些黑恶势力通过各种手段在党政机关寻求“保护伞”；而一些党员干部为了一己私利，甘于做黑恶势力的“保护伞”，出卖国家和人民利益，纵容涉黑涉恶活动，甚至利用黑恶势力欺压群众，严重损害党群干群关系，危害党的执政基础，必须严肃惩处。《中国共产党纪律处分条例》第一百二十五条规定：“利用宗族或者黑恶势力等欺压群众，或者纵容涉黑涉恶活动、为黑恶势力充当‘保护伞’的，给予撤销党内职务或者留党察看处分；情节严重的，给予开除党籍处分。”《中华人民共和国公职人员政务处分法》第三十七条规定：“利用宗族或者黑恶势力等欺压群众，或者纵容、包庇黑恶势力活动的，予以撤职；情节严重的，予以开除。”这两条是关于利用宗族或者黑恶势力等欺压群众，或者纵容涉黑涉恶活动、为黑恶势力充当“保护伞”行为适用的处分种类和幅度的规定。

146. 对在社会保障、社会救助、政策扶持、救灾救济款物分配等事项中优亲厚友、明显有失公平的行为，如何处分？

社会保障是保障和改善民生、维护社会公平、增进人民福祉的重要工作。社会救助事关困难群众基本生活和衣食冷暖，关系民生、连着民心，是一项兜底线、救急难、保民生、促公平的基础性制度安排，是我们党全心全意为人民服务的根本宗旨和社会主义制度根本性质的集中体现。社会保障、社会救助等民生保障工作必须守住公平的底线，这就要求党员干部摆正履职与亲情的关系，决不能让亲情超越法纪底线，决不能借职权之便损害国家、集体和他人的利益。亲属之间相互照顾、朋友之间相互帮助是人之常情，但作为掌握公权力的党员干部，应当公私分明、先公后私，不能公权私用、假公济私，利用职权为自己的亲属、朋友谋取不正当利益。如果党员干部在社会保障、社会救助、救灾救济等工作中优亲厚友，势必使本该享受保障政策的贫困群众、受灾群众的利益受到侵害，破坏了党同人民群众的鱼水关系，损害党和政府的形象，性质恶劣，影响极坏。唯有保持对违规违纪问题“零容忍”，才能有力制止侵占困难群众利益行为的发生。根据《中国共产党纪律处分条例》第一百二十四条规定，对党员干部“在社会保障、社会救助、政策扶持、救灾救济款物分配等事项中优亲厚友、明显有失公平”的行为，视情节轻重，给予相应的党纪处分。此项禁止性规定的制定，就是为了解决现实中存在的优亲厚友、厚此薄彼借机谋利的问题，防止党员干部在经办这些事项过程中不能正确对待群众利益，出现明显的不公平、不公正，避免党群干群关系遭受破坏。

民生无小事，枝叶总关情，对困难群众，我们要格外关注、格外关爱、格外关心，帮助他们排忧解难。广大党员干部要时刻严守党的群众纪律，将群众利益放在心上，在社会保障、社会救助、政策扶持、救灾救济款物分配等事项办理中，必须一碗水端平，确保公平。要恪尽职守，一心为民，带着感情和责任做好工作，使社会保障政策和救助政策真正成为困难群众的“雪中炭”“及时雨”。

147. 实践中该如何认定“吃拿卡要”？

“吃拿卡要”，是指党员干部在服务群众过程中，利用职务便利故意刁难群众、设置障碍、向群众索取好处的行为。所谓“吃”，主要指违规接受管理和服务对象的吃请，借机侵害群众利益。所谓“拿”，是指以工作需要为由，强拿硬占、收取管理和服务对象的物品、钱款等。所谓“卡”，是指党员干部推诿扯皮、敷衍塞责，利用职务便利有意在工作中对管理和服务对象设置障碍以谋求私利。所谓“要”，是指以提要求、暗示等方式向管理和服务对象要钱要物等行为。这些行为实质是党员干部不能正确对待手中的权力，是公共权力异化为管理者“私权”的表现，把服务群众的义务当作管理群众的特权，甚至借机以权谋私，其后果是严重损害党和政府的形象，损害党群干群关系。因此，《中国共产党纪律处分条例》第一百二十二条规定，“在办理涉及群众事务时刁难群众、吃拿卡要”，是违反群众纪律的行为，应当视情节轻重给予纪律处分。如果借机索取收受的财物数额较大，则可能涉嫌索贿受贿犯罪，党纪处分则要依照《中国共产党纪律处分条例》总则规定的纪法衔接条款处理。

148. 群众不支持，党员干部是不是就可以不作为？

积极回应民生关切，着力解决群众生产生活中的困难，遇事多同群众商量，争取群众的支持，团结和依靠群众干事创业，是我们党的一贯要求和基本工作方法。对照《中国共产党纪律处分条例》规定和要求，领导干部要树立正确的政绩观，实事求是，量力而行，尊重群众意愿，不能盲目拍板决策，搞华而不实、劳民伤财的“形象工程”“政绩工程”。现实中，有的党员干部，特别是领导干部借口群众不支持、实际困难多，从而懒政怠政、为官不为，对当地的经济社会发展或本部门本领域的工作不谋划、不推动、不发展，导致事业和发展停滞不前。可以说，不作为的行为也是损害群众利益的行为，借口群众不支持而不作为，导致群众利益受损害的，是党员领导干部漠视群众利益的表现，同样也是违反党的纪律的。根据《中国共产党纪律处分条例》有关条款的规定，也要追究相关人员的纪律责任。

149. 党员干部有权扣留、收缴群众财物或者处罚群众吗？

所谓“扣留”，是指截留、保留或用强制手段把人或物留下。所谓“收缴”，是指用强制手段强行查收缴获群众财物的行为。所谓“处罚”，是指有关组织和部门惩罚犯错误或犯罪的人，使之在政治、经济等方面受到损失，并有所警戒。无论是扣留、收缴群众财物还是处罚，都属于执法权，一般由执法机关或者行政机关依法进行，其他单位和个人不得随意使用。尤其是农村、社区等基层组织，都不能自设权力，随意扣留、收缴群众财物或者处罚群众。根据《中国共产党纪律处分条例》第一百二十二条规定，“违反有关规定扣留、收缴群众款物或者处罚群众”，构成违纪，视情节轻重追究党纪责任。

150. 党员干部哪些行为违反党的群众纪律？

群众纪律是党的性质和宗旨的体现，是密切党同群众血肉联系的重要保证，是我们党区别于其他政治组织的显著标志和政治优势。违反群众纪律的行为，是指违反党内法规以及国家法律法规中所规定的有关联系群众、服务群众等群众工作中必须遵循的行为规范和规则，依照党内法规应当受到党的纪律追究的行为。

根据《中国共产党纪律处分条例》第九章“对违反群众纪律行为的处分”的规定，党员干部违反党的群众纪律的行为，主要有以下八种：一是超标准、超范围向群众筹资筹劳、摊派费用，加重群众负担；违反有关规定扣留、收缴群众款物或者处罚群众；克扣群众财物，或者违反有关规定拖欠群众钱款；在管理、服务活动中违反有关规定收取费用；在办理涉及群众事务时刁难群众、吃拿卡要；其他侵害群众利益行为。二是干涉生产经营自主权，致使群众财产遭受较大损失的行为。三是在社会保障、社会救助、政策扶持、救灾救济款物分配等事项中优亲厚友、明显有失公平的行为。四是利用宗族或者黑恶势力等欺压群众，或者纵容涉黑涉恶活动、为黑恶势力充当“保护伞”的行为。五是对涉及群众生产、生活等切身利益的问题依照政策或者有关规定能解决而不及时解决，庸懒无为、效率低下，造成不良影响；对符合政策的群众诉求消极应付、推诿扯皮，损害党群、干群关系；对待群众态度恶劣、简单粗暴，造成不良影响；弄虚作假，欺上瞒下，损害群众利益；其他不作为、乱作为、慢作为、假作为等损害群众利益行为。六是遇到国家财产和群众生命财产受到严重威胁时，能救而不救的行为。七是不按照规定公开党务、政务、厂务、村（居）务等，侵犯群众知情权的行为。八是有其他违反群众纪律规定的行为。

党的根基在人民、血脉在人民、力量在人民。人民是我们党的政治根基、力量源泉，全心全意为人民服务是我们党的根本宗旨。脱离群众，漠视群众利益，漠视群众诉求，在群众面前态度恶劣，弄虚作假、欺上瞒下，不作为乱作为，全心全意为人民服务的根本宗旨就不能有效贯彻和执行，必然会引发人民群众不满，恶化党群关系，损害党执政的政治基础，对这些行为必须给予党纪惩处。

151. 为什么在乡村振兴领域有侵害群众利益的行为要从重或者加重处分？

全面建设社会主义现代化国家，最艰巨、最繁重的任务仍然在农村。习近平总书记在全国脱贫攻坚总结表彰大会上宣布，我国脱贫攻坚战取得了全面胜利，创造了又一个彪炳史册的人间奇迹。脱贫摘帽不是终点，而是新的奋斗起点。我们从脱贫攻坚转入推进乡村全面振兴，这是实现中华民族伟大复兴的一项重大任务。党中央坚持不懈把解决好“三农”问题作为全党工作重中之重，举全党之力推进乡村全面振兴，更好推进中国式现代化建设。当前，整治乡村振兴领域存在的腐败和不正之风问题也不容忽视。2022 年 11 月，中共中央办公厅、国务院办公厅发布的《乡村振兴责任制实施办法》指出：“各级党委和政府及其有关部门在乡村振兴工作中不履行或者不正确履行职责，存在形式主义、官僚主义等问题的，应当依照有关党内法规和法律法规，追究负有责任的领导人员和直接责任人员的责任；构成犯罪的，依法追究刑事责任。”2023 年 2 月，中央纪委印发《关于开展乡村振兴领域不正之风和腐败问题专项整治的意见》，强调要“着力纠治政策落实和工作推进中的形式主义、官僚主义问题，围绕产业、人才、文化、生态、组织‘五个振兴’，坚决纠治有令不行、有禁不止，片面理解、野蛮操作，‘翻烧饼’、换频道，以及为群众办事推诿扯皮、敷衍塞责等问题，切实推动为基层干部减负”。这些规定，就是针对乡村振兴领域存在的群众反映强烈的一些不正之风和腐败问题，精准开展专项整治，护航乡村全面振兴。

为确保党中央乡村振兴决策的贯彻执行，切实发挥党纪处分的惩戒和震慑作用，2023 年 12 月修订的《中国共产党纪律处分条例》，贯彻党中央关于实施乡村振兴战略的重大决策部署，与时俱进将扶贫领域侵害群众利益行为调整表述为乡村振兴领域侵害群众利益行为，依然作为从重或者加重处分的情形，促进党员干部在服务“三农”工作中把责任扛在肩上、抓在手上，为推进乡村全面振兴、加快建设农业强国提供坚强纪律保障。乡村振兴是一场持久战，必须坚定信心、咬定目标，苦干实干、久久为功。广大党员干部要以深入学习运用“千万工程”经验为引领，毫不放松巩固拓展脱贫攻坚成果，着力推动乡村全面振兴取得实质性进展、阶段性成果。

152. 党员干部对待群众态度恶劣、简单粗暴，可以吗？

服务态度指党员干部在接待群众、服务群众的过程中，在言谈举止方面所表现出来的态度。热情诚恳的服务态度会让群众产生亲切感，拉近与群众的距离。中共中央办公厅、国务院办公厅印发的《信访工作责任制实施办法》明确指出，各级党政机关及其领导干部、工作人员违反群众纪律，对待信访群众态度恶劣、简单粗暴，损害党群干群关系，造成严重后果的，应当追究责任。根据情节轻重，对各级党政机关领导干部、工作人员的责任追究采取通报、诫勉、组织调整或者组织处理、纪律处分的方式进行。《中国共产党纪律处分条例》明确规定“对待群众态度恶劣、简单粗暴，造成不良影响”的情形，视情节轻重程度，对直接责任者和领导责任者，给予从警告至留党察看的党纪处分。服务群众无小事，点点滴滴暖民心。党员干部在工作中，要待群众如亲人，态度和蔼，语言亲切，真诚沟通，用心细心地服务好群众，真正以有温度的服务提升群众的满意度。

153. 欺上瞒下损害群众利益与不如实向上级报告工作有什么区别?

《中国共产党纪律处分条例》第一百二十六条规定，“弄虚作假，欺上瞒下，损害群众利益”，是违反党的群众纪律的行为。所谓“弄虚作假，欺上瞒下”，主要指在处理与群众的关系过程中，通过虚构、隐瞒、伪造事实，遮蔽、掩盖工作中的错误或失误，以及编造虚假成绩和事迹等，欺骗领导机关、有关组织和人民群众，以达到博取信任或者逃避责任追究等目的，导致给群众利益造成损害。不如实向上级报告工作，是《中国共产党纪律处分条例》第一百四十条规定的违反工作纪律的行为。“在上级检查、视察工作或者向上级汇报、报告工作时对应当报告的事项不报告或者不如实报告，造成严重损害或者严重不良影响的，对直接责任者和领导责任者，给予警告或者严重警告处分；情节严重的，给予撤销党内职务或者留党察看处分。”“在上级检查、视察工作或者向上级汇报、报告工作时纵容、唆使、暗示、强迫下级说假话、报假情的，从重或者加重处分。”本条规定意在强调下级在上级检查、视察工作期间，或者向上级汇报、报告工作时，应当如实报告工作情况，不得弄虚作假。“弄虚作假，欺上瞒下”损害了群众利益，不如实向上级报告工作违反了工作纪律。

154. 为什么党员干部遇到国家财产和群众生命财产受到严重威胁时能救而不救，会被给予党纪处分？

党员干部无论何时何地，在任何条件下，都要发挥先锋模范作用，这是对党员干部的基本要求。在国家财产和群众生命财产受到严重威胁时，党员干部应挺身而出，敢于斗争，不怕牺牲，才能履行好党员义务，带头弘扬社会新风正气。特别是要牢记在危险发生时，具备施救能力或条件的，不得能救而不救。《中国共产党纪律处分条例》第一百二十七条规定："遇到国家财产和群众生命财产受到严重威胁时，能救而不救，情节较重的，给予警告、严重警告或者撤销党内职务处分；情节严重的，给予留党察看或者开除党籍处分。"

例如，当不会游泳的党员干部遇到有人落水，如果该党员干部在现场采取了报警、组织他人或其他措施帮助救人的，即便自己没有下水施救，也不构成违纪。如果该党员干部有条件提供必要帮助而没有提供，甚至在群众请求帮助的情况下仍置之不理、扬长而去的，党组织应对其进行批评教育或者组织处理，情节较重的应依照本条规定给予处分。需要注意的是，在党员干部因具有特定身份、特定职权而对处于危险之中的人或物具有特定义务时，能救而不救则可能涉嫌失职、渎职。

155. 党的基层组织党务公开，应当公开哪些内容？

推进党务公开，是坚定不移全面从严治党、提高党的执政能力和领导水平的重大举措。对于发展党内民主，加强党内监督，充分调动全党积极性、主动性、创造性，对于加快推进社会主义民主政治建设，更好贯彻落实党的理论和路线方针政策，具有重要意义。中共中央印发的《中国共产党党务公开条例（试行）》明确规定党的基层组织应当公开的内容，主要有：学习贯彻党中央和上级组织决策部署，坚决维护以习近平同志为核心的党中央权威和集中统一领导情况；任期工作目标、阶段性工作部署、重点工作任务及落实情况；加强思想政治工作、开展党内学习教育、组织党员教育培训、执行“三会一课”制度等情况；换届选举、党组织设立、发展党员、民主评议、召开组织生活会、保障党员权利、党费收缴使用管理以及党组织自身建设等情况；防止和纠正“四风”现象，联系服务党员和群众情况；落实管党治党政治责任，加强党风廉政建设，对党员作出组织处理和纪律处分情况；其他应当公开的党务。

156. 对不按照规定公开党务、政务、厂务、村（居）务的行为，怎样处理？

阳光是最好的防腐剂，人民是无所不在的监督力量。党员领导干部要牢固树立权力在阳光下运行，自觉接受人民群众监督的正确观念。党的二十大强调，“健全党统一领导、全面覆盖、权威高效的监督体系，完善权力监督制约机制，以党内监督为主导，促进各类监督贯通协调，让权力在阳光下运行”[①]。切实保障人民群众的知情权，使权力时刻置于人民群众的监督之中，是党推进基层民主建设，密切党群干群关系，巩固党的执政基础和执政地位的重要制度安排。

现实中，不按照规定公开党务、政务、厂务、村（居）务，不仅侵害了群众的民主权利，而且侵犯了群众的知情权，破坏了党群干群关系，必须予以严惩。《中国共产党纪律处分条例》第一百二十八条规定：“不按照规定公开党务、政务、厂务、村（居）务等，侵犯群众知情权，对直接责任者和领导责任者，情节较重的，给予警告或者严重警告处分；情节严重的，给予撤销党内职务或者留党察看处分。”严守群众纪律，严防侵犯群众知情权。党员干部要按照相关规定要求，加强党务、政务、厂务、村（居）务信息公开，让群众了解工作动向，畅通群众了解工作情况的渠道，真正保障群众的知情权、参与权、表达权、监督权。

① 习近平：《高举中国特色社会主义伟大旗帜　为全面建设社会主义现代化国家而团结奋斗——在中国共产党第二十次全国代表大会上的报告》，人民出版社 2022 年版，第 66 页。

纪律

六、工作纪律常识

157. 什么是党的工作纪律？

工作纪律是党的各级组织和全体党员在党的各项具体工作中必须遵守的行为规则，是党的各项工作正常开展的重要保证。党员领导干部在工作中严守工作纪律是确保党的集中统一、政令畅通的基础，保证党的各项工作顺利进行离不开严明的工作纪律。党员干部违反工作纪律的行为，不仅会扰乱党的正常工作秩序，而且会对党和国家事业造成严重影响。

针对干部群众反映强烈的形式主义、官僚主义顽瘴痼疾，2023 年 12 月修订的《中国共产党纪律处分条例》在工作纪律方面，增写对“脱离实际，不作深入调查研究，搞随意决策、机械执行”“违反精文减会有关规定搞文山会海”“在督查检查考核等工作中搞层层加码、过度留痕，增加基层工作负担”等行为的处分规定；同时，为推动解决“新官不理旧账”问题，增写对“党员领导干部对于到任前已经存在且属于其职责范围内的问题，消极回避、推卸责任，造成严重损害或者严重不良影响”的处分规定。

《中国共产党纪律处分条例》在工作纪律方面的从严要求，无论是对贯彻执行、检查督促落实上级决策部署不力的处分规定，还是对职责范围内的问题失察失责，造成较大损失或者重大损失的，从重或者加重处分规定，都具有明确指向，表明我们党管党治党的思路举措更加科学严密有效，切实让铁纪“长牙”、发威，让党员干部重视、警醒、知止。

158. 工作中不负责任或者疏于管理，贯彻执行、检查督促落实上级决策部署不力，给党、国家和人民利益以及公共财产造成较大损失会受到什么处分?

党员干部要坚决贯彻落实上级决策部署，坚定不移当好执行者、行动派、实干家。在实际工作中，有的干部不在状态、不负责任，执行上级决策不认真、不到位，有的干部对上级的决策部署阳奉阴违，另搞一套，有令不行、有禁不止，不讲大局、我行我素，造成极坏的社会影响。中共中央办公厅印发的《关于进一步激励广大干部新时代新担当新作为的意见》，强调针对不担当不作为的干部，根据具体情节该免职的免职、该调整的调整、该降职的降职，使能上能下成为常态。《中国共产党纪律处分条例》第一百三十条规定："工作中不负责任或者疏于管理，贯彻执行、检查督促落实上级决策部署不力，给党、国家和人民利益以及公共财产造成较大损失的，对直接责任者和领导责任者，给予警告或者严重警告处分；造成重大损失的，给予撤销党内职务、留党察看或者开除党籍处分。"为党员干部在贯彻执行、检查督促落实上级决策部署方面，划出了不可为、不能为的红线。

159. 对"新官不理旧账"的党员领导干部，如何处分?

现实中，一些党员领导干部宗旨意识不牢、政绩观存在偏差、责任心不强，"新官不理旧账"问题仍有发生。"新官不理旧账"，表面上是政府权力、公共权力的"交接"出了问题，实际上还是一些党员领导干部不担当、不作为、不负责。为推动解决“新官不理旧账”问题，2023 年修订的《中国共产党纪律处分条例》增写了“党员领导干部对于到任前已经存在且属于其职责范围内的问题，消极回避、推卸责任，造成严重损害或者严重不良影响的”处分规定。《中国共产党问责条例》也将“领导巡视巡察工作不力，落实巡视巡察整改要求走过场、不到位，该问责不问责”等“新官不理旧账”纳入问责范围，确保用好追责问责利器。对不理“旧账”的“新官”必须依规依纪依法严肃处理，着力解决实践中党员领导干部交流后容易产生的推诿扯皮问题，有助于压实现任党员领导干部的责任，倒逼其履职尽责，努力解决遗留问题，积极推动改革发展。

160. 怎样正确理解容错纠错机制?

容错纠错，是指对干部在工作中的失误错误，依规依纪依法免予追究责任或者从轻、减轻追究责任，同时采取措施，纠正工作失误，监督、推动问题整改及时到位。各级党组织要正确对待干部在工作中特别是改革创新中的失误错误，旗帜鲜明为敢于担当、踏实做事、不谋私利的干部撑腰鼓劲，积极营造鼓励创新创造创业、干事担当作为的良好氛围。中共中央办公厅印发的《关于进一步激励广大干部新时代新担当新作为的意见》明确指出：“各级党委（党组）及纪检监察机关、组织部门等相关职能部门，要妥善把握事业为上、实事求是、依纪依法、容纠并举等原则，结合动机态度、客观条件、程序方法、性质程度、后果影响以及挽回损失等情况，对干部的失误错误进行综合分析，对该容的大胆容错，不该容的坚决不容。”建立健全容错纠错机制，宽容干部在改革创新中的失误错误，把干部在推进改革中因缺乏经验、先行先试出现的失误错误，同明知故犯的违纪违法行为区分开来；把尚无明确限制的探索性试验中的失误错误，同明令禁止后依然我行我素的违纪违法行为区分开来；把为推动发展的无意过失，同为谋取私利的违纪违法行为区分开来，切实为敢于担当的干部撑腰鼓劲。

各级党委（党组）及纪检监察机关、组织部门等相关职能部门，要妥善把握事业为上、实事求是、依纪依法、容纠并举等原则，结合动机态度、客观条件、程序方法、性质程度、后果影响以及挽回损失等情况，对干部的失误错误进行综合分析，对该容的大胆容错，对不该容的坚决不容。对给予容错的干部，考核考察要客观评价，选拔任用要公正合理。准确把握政策界限，对违纪违法行为必须严肃查处，防止混淆问题性质、拿容错当“保护伞”，搞纪律“松绑”，确保容错在纪律红线、法律底线内进行。坚持有错必纠、有过必改，对苗头性、倾向性问题早发现、早纠正，对失误错误及时采取补救措施，帮助干部汲取教训、改进提高，从而使他们打消顾虑、放下包袱、轻装上阵。严肃查处诬告陷害行为，及时为受到不实反映的干部澄清正名、消除顾虑，引导干部争当改革的促进派、实干家，专心致志为党和人民干事创业、建功立业。

161. 怎样处分不敢斗争、不愿担当的党员干部？

作为党员干部，既要有斗争精神，也要有斗争本领，既要敢于斗争，又要善于斗争。越是困难大、矛盾多的地方，越是形势严峻、情况复杂的时候，越要挺身而出，化解矛盾，解决问题，决不能回避躲避、临阵退缩。为落实党的二十大报告关于“加强干部斗争精神和斗争本领养成”的要求，立足引导党员干部敢于担当、积极作为，2023 年修订的《中国共产党纪律处分条例》在工作纪律中增加对不敢斗争、不愿担当，面对重大矛盾冲突、危机困难临阵退缩行为的处分规定。第一百三十一条规定：“工作中不敢斗争、不愿担当，面对重大矛盾冲突、危机困难临阵退缩，造成不良影响或者严重后果的，给予警告或者严重警告处分；情节严重的，给予撤销党内职务、留党察看或者开除党籍处分。”

敢于斗争、勇于担当是党员干部的职责所在，也是共产党人不可战胜的强大精神力量。为此，党员干部要挺起脊梁、冲锋在前，敢斗争、勇担当，迎难而上、知难而进，努力成为新时代的“劲草真金”，在推进中国式现代化进程中冲锋在前、建功立业。

162. 党员干部在工作中搞形式主义、官僚主义的违纪行为有哪些？

形式主义、官僚主义同我们党的性质宗旨和优良作风格格不入，是我们党的大敌、人民的大敌。《关于新形势下党内政治生活的若干准则》明确规定，“全党必须坚决反对形式主义、官僚主义、享乐主义和奢靡之风”。现实中，一些地方和部门纠正“四风”问题不力，尤其是形式主义、官僚主义问题突出，基层和群众深恶痛绝。2023 年修订的《中国共产党纪律处分条例》针对这个问题，在第一百三十二条中专门作出纪律处分规定，列出了工作中搞形式主义、官僚主义的突出表现形式，通过纪律约束，促使各级党组织和广大党员干部切实改进工作作风，强化责任担当，抓好工作落实。

《中国共产党纪律处分条例》第一百三十二条规定：“有下列行为之一，造成严重损害或者严重不良影响的，对直接责任者和领导责任者，给予警告或者严重警告处分；情节较重的，给予撤销党内职务或者留党察看处分；情节严重的，给予开除党籍处分：（一）热衷于搞舆论造势、浮在表面；（二）单纯以会议贯彻会议、以文件落实文件，在实际工作中不见诸行动；（三）脱离实际，不作深入调查研究，搞随意决策、机械执行；（四）违反精文减会有关规定搞文山会海；（五）在督查检查考核等工作中搞层层加码、过度留痕，增加基层工作负担；（六）工作中其他形式主义、官僚主义行为。”本条是关于形式主义、官僚主义行为及其适用的处分种类和幅度的规定。所谓“造成严重不良影响”，是指因工作中搞形式主义、官僚主义，严重妨碍了党中央决策部署的贯彻执行，阻碍地方部门单位的改革发展，损害党、国家和人民的利益，损害党群干群关系，损害党的形象和威信，等等。

党员干部应充分认识形式主义、官僚主义的长期性、复杂性、多样性、变异性，坚决与之作斗争。反对形式主义，重在解决“作风漂浮、工作不实”“文山会海、表面文章”“贪图虚名、弄虚作假”等问题。反对官僚主义，重在解决“脱离实际、脱离群众”“消极应付、推诿扯皮”“作风霸道、迷恋特权”等问题。

163. 怎样区分热衷于搞舆论造势、浮于表面的行为与通过营造声势捞取政治资本的行为？

热衷于搞舆论造势、浮在表面的行为，主要指党员干部在推进工作的过程中，喜欢造声势、出风头，热衷于热热闹闹，在舆论宣传上制造声势。党员干部在工作中漂浮于表面，只看形式，不求实效，搞华而不实的表面文章，“作秀”不“做事”，“造势”不“造福”，图的是给自己树碑、为的是给自己留名，污染一方政治生态，败坏党和政府形象，损害群众的切身利益。这是工作中搞形式主义、官僚主义的典型表现之一，违反了党的工作纪律。

“通过搞利益交换、为自己营造声势等活动捞取政治资本”的行为，具体表现为对党不忠诚不老实，欺骗组织，利用职权搞利益交换，在党内搞团团伙伙、结党营私、拉帮结派、政治攀附，捞取升迁的政治资本。所谓“政治资本”，指一个人参加工作的资历和所具备的一定的政治条件。有些人往往把这些条件作为向组织讨价还价牟取个人利益的凭借，任性用权，归根结底是政绩观出了问题，这是严重违反政治纪律的行为。

164. 怎样纠治以会议贯彻会议、以文件落实文件的歪风痼疾？

会议是沟通情况、落实工作的有效方式，文件是下达政令、处理公务的重要手段。会议和文件重在解决实际问题、推动工作落实与开展，不在会长会短、文多文少，不可本末倒置。现实中，不少干部群众对会风、文风中仍存的形式主义痛心疾首，有必要再加大气力，纠治以会议贯彻会议、以文件落实文件的歪风痼疾。

《中华人民共和国公职人员政务处分法》第三十九条规定，“工作中有形式主义、官僚主义行为的”，造成不良后果或者影响的，予以警告、记过或者记大过；情节较重的，予以降级或者撤职；情节严重的，予以开除。《中国共产党纪律处分条例》第一百三十二条的规定更加具体细致，对“单纯以会议贯彻会议、以文件落实文件，在实际工作中不见诸行动”的行为，造成严重损害或者严重不良影响的，对直接责任者和领导责任者，给予警告或者严重警告处分；情节较重的，给予撤销党内职务或者留党察看处分；情节严重的，给予开除党籍处分。

形式主义害死人。会风、文风中的形式主义背后是功利主义、实用主义作祟，政绩观错位、责任心缺失。因此，党员干部要把心思放在解决实际问题上，多到人民群众需要的地方去，把情况搞清楚，把症结分析透，把对策想明白，出实招、办实事、求实效。

165. 怎样避免调查研究成为新的形式主义？

调查研究是谋事之基、成事之道。调查研究不仅是一种工作方法，而且是关系党和人民事业得失成败的关键。现实中，有的党员干部调查研究搞形式、走过场、不深入，搞虚假调研、作秀式调研；有的党员干部调查研究缺乏计划性，搞扎堆调研、重复调研；有的党员干部调查研究求量不求质，搞片面调研、蜻蜓点水式调研；有的党员干部不注重调研成果的转化与运用，不解决实际问题，搞空对空的调研，从而造成新的形式主义，增加了基层负担，损害党的形象和威信，基层反应强烈。2023 年 3 月，中共中央办公厅印发《关于在全党大兴调查研究的工作方案》，进一步规范了调查研究工作，明确指出："对违反作风建设要求和廉洁自律规定的，要依规依纪严肃问责。"现实中，对党员干部"脱离实际，不作深入调查研究，搞随意决策、机械执行"的行为，应依据《中国共产党纪律处分条例》第一百三十二条规定，按照违反工作纪律处理，如果其行为造成严重损害或者严重不良影响的，对直接责任者和领导责任者，给予警告或者严重警告处分；情节较重的，给予撤销党内职务或者留党察看处分；情节严重的，给予开除党籍处分。如果未造成严重损害或者严重不良影响，或情节较轻，也应采取谈话提醒、批评教育、责令检查、诫勉等方式处理。

广大党员干部要发扬实事求是、求真务实作风，做好调查研究，力戒形式主义、官僚主义，不搞作秀式、盆景式和蜻蜓点水式调研，坚决反对走马观花、浅尝辄止，围绕群众的急难愁盼问题，扑下身子、沉到一线，把脉问诊、解剖麻雀，把矛盾困难摸清、搞透，把解决思路理清、找准。注重调研成果运用，把调研成果转化为解决问题、改进工作的实际举措，在深化调查研究中锤炼作风、促进工作、推动发展。

166. 党员干部违反精文减会有关规定搞文山会海，怎样处分？

文风会风问题不是小事，让党员干部把宝贵的时间和精力耗费在文山会海中，影响了服务群众和具体抓落实的精力，损害了党和国家机关正常工作秩序以及党的优良作风。2023 年修订的《中国共产党纪律处分条例》在第一百三十二条中，增加了对违反精文减会有关规定搞文山会海的处分决定。党员干部如有违反精文减会有关规定搞文山会海的行为，应依据该条款的规定，按照违反工作纪律处理。

文风会风关系党风政风。要整治文山会海，为基层松绑减负，促进党员干部实干担当。各级党组织和党员干部要按照“精简、务实、高效”的原则，改进会风文风，减少会议数量、控制会议规模，精简文件数量、提高文件质量，提高工作效率，让党员干部心无旁骛、轻装上阵，把时间和精力用在狠抓各项工作落实上，为全面建设社会主义现代化国家提供坚强作风保障。

167. 如何防范在督查检查考核等工作中搞层层加码、过度留痕，增加基层工作负担的行为？

近年来，整治形式主义、官僚主义取得明显成效，但在一些地方、部门和领域，仍存在着层层加码，执行政策简单化、“一刀切”，加重基层负担的情况。2023 年修订的《中国共产党纪律处分条例》，在工作纪律中增写了对“随意决策、机械执行”“搞文山会海”“层层加码、过度留痕”“增加基层工作负担”等行为的处分规定，就是靶向遏制层层加码带坏干事创业风气的行为。

2023 年 7 月 11 日，中央纪委国家监委对 10 起加重基层负担的形式主义、官僚主义典型问题进行公开通报，并指出，当前一些问题，特别是加重基层负担的形式主义、官僚主义依然顽固多发的问题，干部群众反映十分强烈。各级党组织要切实增强抓好整治工作的紧迫感和政治自觉，从中央部门到省、市、县各级都要把自己摆进去，对照党中央的要求，认真查找是否存在加重基层负担的形式主义、官僚主义表现，不回避、不躲闪，靶向纠治、切实整改。领导机关要深入检视“表现在基层、根子在上面”的问题，主动整改、带头整改，坚决防止官僚主义催生形式主义，坚决防止以形式主义反对形式主义。各级纪检监察机关要敢于亮剑，紧盯加重基层负担的老问题、新情况，健全发现问题机制，对苗头性、倾向性问题早提醒、早纠正，对违规违纪行为严肃处理，对典型案例及时通报曝光，形成有力震慑。要健全制度机制，针对形式主义、官僚主义定性难、查处难的问题，着力加强案例指导，完善细化惩戒制度。要突出纠树并举，加强对各级领导干部的教育引导，推动对标党风要求找差距、对表党性要求查根源、对照党纪要求明举措，守牢思想防线、行为红线，大力发扬真抓实干、担当作为的时代新风，切实为基层减负、为干部鼓劲。

168. 党员干部餐饮浪费，仅是个人行为和素质问题吗？

“一粥一饭，当思来处不易；半丝半缕，恒念物力维艰。”党员干部要身体力行，带头杜绝餐饮浪费。根据《党政机关厉行节约反对浪费条例》和《党政机关国内公务接待管理规定》有关要求，要切实加强公务接待、会议、培训等公务活动用餐管理，以公务用餐文明引领社会消费文明。《中华人民共和国反食品浪费法》第六条明确规定：“机关、人民团体、国有企业事业单位应当按照国家有关规定，细化完善公务接待、会议、培训等公务活动用餐规范，加强管理，带头厉行节约，反对浪费。”“公务活动需要安排用餐的，应当根据实际情况，节俭安排用餐数量、形式，不得超过规定的标准。”第八条规定：“设有食堂的单位应当建立健全食堂用餐管理制度，制定、实施防止食品浪费措施，加强宣传教育，增强反食品浪费意识。”“单位食堂应当加强食品采购、储存、加工动态管理，根据用餐人数采购、做餐、配餐，提高原材料利用率和烹饪水平，按照健康、经济、规范的原则提供饮食，注重饮食平衡。”“单位食堂应当改进供餐方式，在醒目位置张贴或者摆放反食品浪费标识，引导用餐人员适量点餐、取餐；对有浪费行为的，应当及时予以提醒、纠正。”由此可见，党员干部在公务活动用餐、单位食堂用餐管理工作中须认真履行监督管理职责，杜绝餐饮浪费，否则将受到党纪国法的惩戒。

《中国共产党纪律处分条例》第一百三十三条规定：“在公务活动用餐、单位食堂用餐管理工作中不履行或者不正确履行宣传教育、监督管理职责，导致餐饮浪费，造成严重不良影响的，对直接责任者和领导责任者，给予警告或者严重警告处分；情节严重的，给予撤销党内职务处分。”为此，减少餐饮浪费，党员干部要养成适度、节俭的餐饮习惯，加强精细化监督管理，共同打好制止餐饮浪费这场持久战，推动形成厉行节约、反对浪费的良好社会风尚。

169. 如何处理机构编制工作违规违纪行为？

机构编制资源是重要的政治资源、执政资源，机构编制工作是党的重要工作。2019 年 8 月，中共中央印发的《中国共产党机构编制工作条例》第二十六条明确规定：“机构编制工作必须严格执行本条例的各项规定，严禁以下行为：（一）在贯彻落实党和国家机构改革和机构编制重大决策部署过程中有令不行、有禁不止，上有政策、下有对策，搞变通、拖延改革或者逾期不执行、不报告；（二）擅自设立、撤销、合并机构或者变更机构名称、规格、性质、职责权限，在限额外设置机构，变相增设机构或者提高机构规格；（三）擅自增加编制种类、突破行政编制总额增加编制、改变编制使用范围、挤占挪用基层编制，擅自超编录（聘）用、调任、转任人员，挤占挪用财政资金、其他资金为超编人员安排经费，以虚报人员等方式占用编制并冒用财政资金；（四）违规审批机构编制、核定领导职数，或者超职数、超规格配备领导干部；（五）伪造、虚报、瞒报、拒报机构编制统计、实名信息和核查数据；（六）实施其他违反机构编制管理规定的行为。”对违反上述规定的，“各级机构编制委员会有权采取通报批评、责令限期纠正、予以纠正等处理措施。对有关责任人，可以采取约谈、责令说明情况、下达告诫书等处理措施”，详细指出了机构编制工作的具体违规违纪行为及处理决定。

《中国共产党纪律处分条例》第一百三十四条规定，“擅自超出‘三定’规定范围调整职责、设置机构、核定领导职数和配备人员”“违规干预地方机构设置”“其他违反机构编制管理规定的行为”，有以上行为之一，造成不良影响或者严重后果的，对直接责任者和领导责任者给予相应的党纪处分，为机构编制工作划出了红线。

170. 党员干部信访工作违纪有哪些表现，会受到怎样的处分？

信访工作是党的群众工作的重要组成部分，是党和政府了解民情、集中民智、维护民利、凝聚民心的一项重要工作，是各级机关、单位及其领导干部、工作人员接受群众监督、改进工作作风的重要途径。中共中央、国务院印发的《信访工作条例》第六条明确规定：“各级机关、单位应当畅通信访渠道，做好信访工作，认真处理信访事项，倾听人民群众建议、意见和要求，接受人民群众监督，为人民群众服务。”党员干部要真正带着感情和责任做好信访工作，为群众排忧解难。《信访工作条例》第四十条规定：“党委和政府信访部门发现有关机关、单位存在违反信访工作规定受理、办理信访事项，办理信访事项推诿、敷衍、拖延、弄虚作假或者拒不执行信访处理意见等情形的，应当及时督办，并提出改进工作的建议。”“对工作中发现的有关政策性问题，应当及时向本级党委和政府报告，并提出完善政策的建议。”“对在信访工作中推诿、敷衍、拖延、弄虚作假造成严重后果的机关、单位及其工作人员，应当向有管理权限的机关、单位提出追究责任的建议。”“对信访部门提出的改进工作、完善政策、追究责任的建议，有关机关、单位应当书面反馈采纳情况。”这就明确了机关、单位和工作人员违反信访工作相关规定的具体处理办法。

根据《中国共产党纪律处分条例》第一百三十五条的规定，对党员干部在信访工作中，“不按照规定受理、办理信访事项”“对规模性集体访等处置不力，导致事态扩大”“对党委和政府信访部门提出的改进工作、完善政策等建议重视不够、落实不力，导致问题长期得不到解决”“其他不履行或者不正确履行信访工作职责”的行为，造成不良影响或者严重后果的，给予警告或者严重警告处分；情节较重的，给予撤销党内职务或者留党察看处分；情节严重的，给予开除党籍处分。同时规定，“不履行或者不正确履行职责，导致信访事项发生，造成不良影响或者严重后果的，对直接责任者和领导责任者，依照前款规定处理”。

信访工作是送上门的群众工作，是了解社情民意的重要窗口。为此，党员干部要严守信访工作纪律，更好履行为民解难、为党分忧的政治责任，坚持和发展新时代“枫桥经验”“浦江经验”，敢于直面矛盾，采取法律、政策、经济、行政等手段，把矛盾化解在萌芽、化解在基层，促使群众的合理诉求早日得到解决，切实维护群众的合法权益，真正让群众在每个信访事项办理中都感受到公平正义，感受到党和政府的温暖。

171. 地方党政领导干部的安全生产责任主要有哪些?

安全生产是经济社会高质量发展的重要基础和保障。地方党政领导干部是负责安全生产工作“关键少数”，安全生产红线意识强不强、责任清不清、落实严不严、问责到不到位，直接影响一个地区的安全生产形势是否稳定。《关于新形势下党内政治生活的若干准则》明确指出：“在应对重大安全事件、重大突发事件、重大自然灾害事件等事件中，领导干部必须深入一线、靠前指挥，及时协调解决突出问题，及时回应社会关切。”中共中央办公厅、国务院办公厅印发的《地方党政领导干部安全生产责任制规定》按照抓“关键少数”、权责对等原则，对地方党政领导干部的主要安全生产职责进行了明确界定，力求科学定位、合理分工、协同一体。地方党政主要负责人是本地区安全生产第一责任人，要牵头抓总。要把安全生产纳入党委议事日程和向全会报告工作的内容，纳入政府重点工作和政府工作报告的重要内容，要在政府有关工作部门“三定”规定中明确安全生产职责。党政领导班子中分管安全生产的领导干部要坚持目标导向和问题导向相结合，加强对安全生产综合监管和直接监管工作的领导，履行好统筹协调责任，要抓组织落实、抓统筹协调、抓风险管控和依法治理、抓应急和事故处理、抓基础保障。党政领导班子中其他领导干部则要按照职责分工承担支持保障责任和领导责任。要组织分管行业（领域）、部门（单位）健全和落实安全生产责任制，将安全生产工作与业务工作同时安排部署、同时组织实施、同时监督检查。要组织开展分管行业（领域）、部门（单位）安全生产专项整治、目标管理、应急管理、查处违法违规生产经营行为等工作，推动构建安全风险分级管控和隐患排查治理预防工作机制。

172. 领导干部违反安全生产责任制相关规定，如何追责问责？

安全生产事关人民福祉，事关经济社会发展大局。各级党委和政府特别是领导干部要牢固树立安全生产的观念，正确处理安全和发展的关系，守住发展决不能以牺牲安全为代价这条红线。现实中，对领导干部违反安全生产责任制相关规定的行为，将严肃追责问责。具体为：严格落实安全生产“一票否决”制度，对因发生生产安全事故被追究领导责任的地方党政领导干部，在相关规定时限内，取消考核评优和评选各类先进资格，不得晋升职务、级别或者重用任职。对工作不力导致生产安全事故人员伤亡和经济损失扩大，或者造成严重社会影响负有主要领导责任的地方党政领导干部，应当从重追究责任。对主动采取补救措施，减少生产安全事故损失或者挽回社会不良影响的地方党政领导干部，可以从轻、减轻追究责任。地方党政领导干部对发生生产安全事故负有领导责任且失职失责性质恶劣、后果严重的，不论是否已调离转岗、提拔或者退休，都应当严格追究其责任。实施安全生产责任追究，应当依法依规、实事求是、客观公正，根据岗位职责、履职情况、履职条件等因素合理确定相应责任。

173. 问责主体和对象是什么？

党的二十大指出，落实全面从严治党政治责任，用好问责利器。《中国共产党问责条例》第四条规定：“党委（党组）应当履行全面从严治党主体责任，加强对本地区本部门本单位问责工作的领导，追究在党的建设、党的事业中失职失责党组织和党的领导干部的主体责任、监督责任和领导责任。”第五条规定：“问责对象是党组织、党的领导干部，重点是党委（党组）、党的工作机关及其领导成员，纪委、纪委派驻（派出）机构及其领导成员。”

174. 在追究党组织领导班子集体责任时，应怎样分清责任？

在追究党组织领导班子集体责任时，必须分清领导班子和班子成员的责任。党组织领导班子在职责范围内负有全面领导责任，领导班子主要负责人和直接主管的班子成员在职责范围内承担主要领导责任，参与决策和工作的班子成员在职责范围内承担重要领导责任。体现出“权责对等”精神，不管是党组织还是党的领导干部，树立正确的权力观、政绩观、事业观，有多大的权力就有多大的责任，就有多大的担当，不担当不作为、乱担当乱作为就要受到法纪的严惩。

175. 党组织和党的领导干部违反党章党规哪些情形，会受到问责？

党章第四十四条明确规定：“党组织如果在维护党的纪律方面失职，必须问责。”这是党章对问责情形作出的重要规定。《中国共产党问责条例》第七条规定，党组织、党的领导干部违反党章和其他党内法规，不履行或者不正确履行职责，有下列情形之一，应当予以问责：（一）党的领导弱化，“四个意识”不强，“两个维护”不力，党的基本理论、基本路线、基本方略没有得到有效贯彻执行，在贯彻新发展理念，推进经济建设、政治建设、文化建设、社会建设、生态文明建设中，出现重大偏差和失误，给党的事业和人民利益造成严重损失，产生恶劣影响的；（二）党的政治建设抓得不实，在重大原则问题上未能同党中央保持一致，贯彻落实党的路线方针政策和执行党中央重大决策部署不力，不遵守重大事项请示报告制度，有令不行、有禁不止，阳奉阴违、欺上瞒下，团团伙伙、拉帮结派问题突出，党内政治生活不严肃不健康，党的政治建设工作责任制落实不到位，造成严重后果或者恶劣影响的；（三）党的思想建设缺失，党性教育特别是理想信念宗旨教育流于形式，意识形态工作责任制落实不到位，造成严重后果或者恶劣影响的；（四）党的组织建设薄弱，党建工作责任制不落实，严重违反民主集中制原则，不执行领导班子议事决策规则，民主生活会、“三会一课”等党的组织生活制度不执行，领导干部报告个人有关事项制度执行不力，党组织软弱涣散，违规选拔任用干部等问题突出，造成恶劣影响的；（五）党的作风建设松懈，落实中央八项规定及其实施细则精神不力，“四风”问题得不到有效整治，形式主义、官僚主义问题突出，执行党中央决策部署表态多调门高、行动少落实差，脱离实际、脱离群众，拖沓敷衍、推诿扯皮，造成严重后果的；（六）党的纪律建设抓得不严，维护党的政治纪律、组织纪律、廉洁纪律、群众纪律、工作纪律、生活纪律不力，导致违规违纪行为多发，造成恶劣影响的；（七）推进党风廉政建设和反腐败斗争不坚决、不扎实，削减存量、遏制增量不力，特别是对不收敛、不收手，问题线索反映集中、群众反映强烈，政治问题和经济问题交织的腐败案件放任不管，造成恶劣影响的；（八）全面从严治党主体责任、监督责任落实不到位，对公权力的监督制约不力，好人主义盛行，不负责不担当，党内监督乏力，该发现的问题没有发现，发现问题不报告不处置，领导巡视巡察工作不力，落实巡视巡察整改要求走过场、不到位，该问责不问责，造成严重后果的；（九）履行管理、监督职责不力，职责范围内发生重特大生产安全事故、群体性事件、公共安全事件，或者发生其他严重事故、事件，造成重大损失或者恶劣影响的；（十）在教育医疗、生态环境保护、食品药品安全、扶贫脱贫、社会保障等涉及人民群众最关心最直接最现实的利益问题上不作为、乱作为、慢作为、假作为，损害和侵占群众利益问题得不到整治，以言代法、以权压法、徇私枉法问题突出，群众身边腐败和作风问题严重，造成恶劣影响的；（十一）其他应当问责的失职失责情形。

有效问责有利于推动各级党组织、党的领导干部履职尽责、担当作为；失责不问、问责不当，则会使问责的警示作用大打折扣。《中国共产党纪律处分条例》第一百三十七条规定："滥用问责，或者在问责工作中严重不负责任，造成不良影响的，对直接责任者和领导责任者，给予警告或者严重警告处分；情节严重的，给予撤销党内职务处分。”有利于推动问责工作规范化、精准化。

176. 对党组织和党的领导干部的问责方式，分别有哪些？

现有各类问责规定中，有批评教育、作出书面检查、给予通报批评、公开道歉、诫勉谈话、组织处理、调离岗位、停职检查、引咎辞职、辞职、免职、降职、党纪军纪政纪处分、移送司法机关依法处理等问责方式。其中，对党组织的问责，根据危害程度以及具体情况，可采取以下方式：（一）检查。责令作出书面检查并切实整改。（二）通报。责令整改，并在一定范围内通报。（三）改组。对失职失责，严重违犯党的纪律、本身又不能纠正的，应当予以改组。对党的领导干部的问责，根据危害程度以及具体情况，可采取以下方式：（一）通报。进行严肃批评，责令作出书面检查、切实整改，并在一定范围内通报。（二）诫勉。以谈话或者书面方式进行诫勉。（三）组织调整或者组织处理。对失职失责、危害较重，不适宜担任现职的，应当根据情况采取停职检查、调整职务、责令辞职、免职、降职等措施。（四）纪律处分。对失职失责、危害严重，应当给予纪律处分的，依照《中国共产党纪律处分条例》追究纪律责任。问责方式可以单独使用，也可以依据规定合并使用。问责方式有影响期的，按照有关规定执行。

177. 党员干部统计造假会受到哪些处分？

统计是经济社会发展的“温度计”“晴雨表”，统计数据是国家宏观调控的重要依据。统计造假是统计领域最大的腐败，严重违反统计法，严重影响统计数据质量，干扰甚至误导宏观决策，损害党和政府的公信力。《中华人民共和国统计法》第六条规定，“地方各级人民政府、政府统计机构和有关部门以及各单位的负责人，不得自行修改统计机构和统计人员依法搜集、整理的统计资料，不得以任何方式要求统计机构、统计人员及其他机构、人员伪造、篡改统计资料，不得对依法履行职责或者拒绝、抵制统计违法行为的统计人员打击报复”，并对违法行为作出处分决定。进行统计造假的行为表现主要有：自行修改统计机构和统计人员依法搜集、整理的统计资料；要求统计机构、统计人员或者其他机构、人员伪造、篡改统计资料；对依法履行职责或者拒绝、抵制统计违法行为的统计人员打击报复；非法干预统计调查对象提供统计资料；等等。对统计造假失察的行为表现主要有：本地方、本部门、本单位大面积发生或者连续发生统计造假、弄虚作假；本地方、本部门、本单位统计数据严重失实，应当发现而未发现；发现本地方、本部门、本单位统计数据严重失实不予纠正；等等。

2023 年修订的《中国共产党纪律处分条例》将“统计造假”纳入违反党的工作纪律有关条款，在统计方面再为党员干部划出一道不可触碰的红线。第一百三十九条规定：“进行统计造假，对直接责任者和领导责任者，情节较轻的，给予警告或者严重警告处分；情节较重的，给予撤销党内职务或者留党察看处分；情节严重的，给予开除党籍处分。”“对统计造假失察，造成严重后果的，对直接责任者和领导责任者，给予警告或者严重警告处分；情节严重的，给予撤销党内职务、留党察看或者开除党籍处分。”从条文中可知，“统计造假”违纪行为主要分为两类，一类是进行统计造假的行为，另一类是对统计造假失察的行为，条文明确规定了这两类统计造假行为应当受到的处分，对直接责任者和领导责任者将依据情节严重程度给予警告直至开除党籍的处分。这些规定，为防治统计造假问题提供了有力的纪律约束，有助于提高统计数据质量。因此，广大党员干部特别是领导干部要自觉知敬畏、存戒惧，坚决遏制“数字上的腐败”，守牢统计法律和纪律底线，确保统计数据质量经得起历史和实践检验。

178. 怎样区分不如实报告工作情况行为与不按规定请示报告重大事项行为？

不报告或者不如实报告工作情况与不按规定请示报告重大事项行为，主要区别有三个方面：

一是违纪类别不同。不报告或者不如实报告工作情况属于违反工作纪律行为。如《中国共产党纪律处分条例》第一百四十条规定：“在上级检查、视察工作或者向上级汇报、报告工作时对应当报告的事项不报告或者不如实报告，造成严重损害或者严重不良影响的，对直接责任者和领导责任者，给予警告或者严重警告处分；情节严重的，给予撤销党内职务或者留党察看处分。”“在上级检查、视察工作或者向上级汇报、报告工作时纵容、唆使、暗示、强迫下级说假话、报假情的，从重或者加重处分。”不按规定请示报告重大事项行为则属于违反政治纪律行为。

二是主体不同。不报告或者不如实报告工作情况行为的主体为党员或党组织，不按规定请示报告重大事项行为的主体为党和国家工作人员或者其他从事公务的人员中的党员。

三是不报告的内容不同。不报告或者不如实报告工作情况行为的内容，主要是在上级检查、视察工作或者向上级汇报、报告工作时应当报告的事项，主要是具体的工作层面、工作内容上的报告。不按规定请示报告重大事项的内容，主要指按照有关规定应当向组织请示报告的重大事项。

179. 违规干预和插手市场经济活动的具体表现有哪些?

违规干预和插手市场经济活动，是指党员领导干部违反法律、法规、规章、政策性规定或者议事规则，利用职权或者职务上的影响，向相关部门及其人员以暗示、授意、打招呼、批条子、指定、强令等方式，插手和干预微观市场经济活动，影响市场经济活动正常开展或者干扰正常监管、执法活动的行为。根据《中国共产党纪律处分条例》等相关规定，违规干预和插手市场经济活动主要表现为：干预和插手建设工程项目承发包、土地使用权出让、政府采购、房地产开发与经营、矿产资源开发利用、中介机构服务等活动；干预和插手国有企业重组改制、兼并、破产、产权交易、清产核资、资产评估、资产转让、重大项目投资以及其他重大经营活动等事项；干预和插手批办各类行政许可和资金借贷等事项；干预和插手经济纠纷；干预和插手集体资金、资产和资源的使用、分配、承包、租赁等事项。不论党员干部个人是否从中谋取私利，只要违规干预和插手市场经济活动，都将给予从严查处，追究党纪责任，保持惩处的高压态势。

180. 严禁干预和插手司法活动、执纪执法活动的底线要求是什么？

公正是执纪执法活动的生命。党员干部绝不能违规干预和插手司法、执纪执法活动。《关于新形势下党内政治生活的若干准则》强调，“党的各级组织和领导干部必须在宪法法律范围内活动”“决不能以言代法、以权压法、徇私枉法，决不能违规干预司法”。对于干预司法、执纪执法的，要依纪依规给予党纪政纪处分；造成冤假错案或者其他严重后果的，依法追究刑事责任。《中国共产党纪律处分条例》指出了违反有关规定干预和插手司法活动、执纪执法活动的具体行为，对向有关地方或者部门打听案情、打招呼、说情，或者以其他方式对司法活动、执纪执法活动施加影响的行为，根据情节轻重，给予严重警告、撤销党内职务、留党察看、开除党籍处分。违反有关规定干预和插手公共财政资金分配、项目立项评审、功勋荣誉表彰奖励等活动，造成重大损失或者不良影响的，也要予以相应的党纪处分。

该违纪行为与违法行为的区别：如果行为人在违规干预和插手司法、执纪执法活动的过程中，有受贿、滥用职权等行为，则涉嫌构成刑法所规定的受贿罪、滥用职权罪；如果行为人是司法工作人员，徇私枉法、徇情枉法，则涉嫌构成刑法第三百九十九条所规定的徇私枉法罪，民事、行政枉法裁判罪，执行判决、裁定失职罪，执行判决、裁定滥用职权罪，枉法仲裁罪。以上行为均应适用纪法衔接的有关条款处理。

181. 党员干部违反保密纪律，会受到什么处分？

保密纪律是极为重要的工作纪律。党章在党员必须履行的义务中有“严格保守党和国家的秘密”要求，在入党誓词中有“保守党的秘密”的规定，可以看出保密纪律的分量之重。《中国共产党纪律处分条例》第一百四十四条规定：“泄露、扩散或者打探、窃取党组织关于干部选拔任用、纪律审查、巡视巡察等尚未公开事项或者其他应当保密的内容的，给予警告或者严重警告处分；情节较重的，给予撤销党内职务或者留党察看处分；情节严重的，给予开除党籍处分。”“私自留存涉及党组织关于干部选拔任用、纪律审查、巡视巡察等方面资料，情节较重的，给予警告或者严重警告处分；情节严重的，给予撤销党内职务处分。”党员领导干部要从讲政治的高度来认识保密纪律，必须牢记不该听的不听、不该看的不看、不该问的不问、不该说的不说，切实履行保密责任，严格执行保密规定。

182. 党员干部严守考录工作纪律，有怎样的要求？

考试公平、录取公平直接关系到社会公平。党员干部必须严守考录工作纪律，保障广大考生合法权益，切实维护考录工作的良好秩序。《中国共产党纪律处分条例》专门对违反考录工作纪律的行为作出了明确规定，并予以严厉的党纪处分。第一百四十五条规定："在考试、录取工作中，有泄露试题、考场舞弊、涂改考卷、违规录取等违反有关规定行为的，给予警告或者严重警告处分；情节较重的，给予撤销党内职务或者留党察看处分；情节严重的，给予开除党籍处分。"为此，党员干部要牢记底线，不得在考试、录取工作中，有泄露试题、考场舞弊、涂改考卷、违规录取等行为。

183. 党员干部如何遵守外事工作纪律？

党的外事工作纪律，指党员干部在外事工作、涉外活动中必须遵守的行为准则。随着改革开放的深入，对外交流交往日益增多，严守外事工作纪律十分重要。《中国共产党纪律处分条例》从第一百四十六条到第一百四十八条，明确规定了党员干部必须遵守的外事工作纪律。具体为：一是不能以不正当方式谋求本人或者其他人用公款出国（境）。二是临时出国（境）团（组）或者人员中的党员，不能擅自延长在国（境）外期限，或者擅自变更路线。三是驻外机构或者临时出国（境）团（组）中的党员，不能触犯驻在国家、地区的法律、法令或者不尊重驻在国家、地区的宗教习俗。如违反上述规定，将受到相应的党纪处分。特别是对临时出国（境）团（组）或者人员中的党员，擅自延长在国（境）外期限，或者擅自变更路线的行为，对直接责任者和领导责任者予以相应党纪处分。党员干部要严格落实总体国家安全观，聚焦涉外安全，严守外事工作纪律，全面提升外事工作质量和水平，更好地服务党和国家对外工作大局。

纪律

七、生活纪律常识

184. 什么是党的生活纪律？

党的生活纪律是党员干部在日常生活和社会交往中应当遵守的行为准则，涉及个人品德、家庭美德、社会公德等各个方面，直接关系党的形象。工作纪律重在规范党员干部的“工作职责”，生活纪律则重在规范党员干部的“私人生活”。

生活是工作的基础，生活上做不到自觉自律，工作中就难以做到清正廉明。大量事实证明，党员干部的蜕化变质往往是从生活作风不检点、生活情趣不健康开始的，往往都是从吃喝玩乐起步的。如果领导干部生活作风上不检点、不正派，在道德情操上打开了缺口，出现了滑坡，那就很难做到清正廉洁，很难对社会风气起到正面引导和促进作用。如有的党员干部仍然奉行及时行乐思想，热衷于吃吃喝喝、流连于声色犬马，将共产党人的理想信念和高尚情操抛之脑后；有的领导干部缺乏定力和自控力，生活作风不检点，甚至道德败坏。可见，严明党的生活纪律，有利于从源头上推进党风廉政建设，形成以优良党风促政风带民风的良好局面。

党员干部要把党的生活纪律规定刻印于心、践之于行，明确什么事能干、什么事不能干，心中高悬纪律的明镜，手中紧握纪律的戒尺，做到纪律面前如履薄冰、慎之又慎，不越雷池半步。严守党的生活纪律，就要从生活日常的小事小节着手，时刻检点自己生活的方方面面，严以修身、正心明道、防微杜渐。始终保持良好生活作风，注意言谈举止，把洁身自好作为重要关口，净化朋友圈、社交圈，自觉培养高尚的道德情操，培养健康的生活情趣，弘扬艰苦奋斗的光荣传统，涵养清正廉洁的新风正气，时刻防止麻痹、懈怠、松劲等思想偏差。各级领导干部要树立良好家风，严格要求和管理亲属，决不给任何违规违纪行为可乘之机。

185. 违反生活纪律的行为有哪些？

对违反生活纪律的行为的主要规定在《中国共产党纪律处分条例》分则第十一章“对违反生活纪律行为的处分”部分中，主要有以下6种：（一）生活奢靡、铺张浪费、贪图享乐、追求低级趣味，造成不良影响的行为。（二）与他人发生不正当性关系，造成不良影响的行为。（三）利用职权、教养关系、从属关系或者其他相类似关系与他人发生性关系的行为。（四）党员领导干部不重视家风建设，对配偶、子女及其配偶失管失教，造成不良影响或者严重后果的行为。（五）违背社会公序良俗，在公共场所、网络空间有不当言行，造成不良影响的行为。（六）其他严重违反社会公德、家庭美德的行为。这就要求党员干部在生活中必须严以修身、严以律己，坚决反对享乐主义和奢靡之风，坚决反对一切庸俗、落后、腐化和违背理想信念宗旨的思想和行为，自觉遵守家庭美德和社会的公序良俗等生活纪律。

186. 党员干部能否为本人和亲属谋求特殊待遇？

违规谋求特殊待遇行为，是指党和国家机关、国有企业、事业单位、人民团体、基层群众性自治组织中从事公务活动并担任领导职务或相应职级的党员违反有关工作制度，为本人、配偶、子女及其配偶等亲属和其他特定关系人谋求特殊待遇，情节较重的行为。2021 年 5 月 7 日，《中国纪检监察报》刊登文章《狠刹脱离群众的特权歪风》，点名批评了部分干部的特权思想问题。文中说某基层单位主要领导把自己当成“土皇帝”，搞小山头，把干警当“随从”，要求下属“见到我的车就得敬礼”。这些错误行为，无疑严重背离了党员干部的行为准则。

任何时候，党员干部都不能为本人和亲属谋求特殊待遇。《中国共产党纪律处分条例》第一百零九条规定：“党员领导干部违反工作、生活保障制度，在交通、医疗、警卫等方面为本人、配偶、子女及其配偶等亲属、身边工作人员和其他特定关系人谋求特殊待遇，情节较重的，给予警告或者严重警告处分；情节严重的，给予撤销党内职务或者留党察看处分。”

187. 如何理解和把握“反对特权思想和特权现象”的纪律要求？

特权思想和特权现象是最大的不公，严重损害干群关系，腐蚀党的执政根基，必须坚决清除。党章规定，“党除了工人阶级和最广大人民群众的利益，没有自己特殊的利益”“中国共产党党员永远是劳动人民的普通一员。除了法律和政策规定范围内的个人利益和工作职权以外，所有共产党员都不得谋求任何私利和特权”“反对特权思想和特权现象，反对任何滥用职权、谋求私利的行为”。《关于新形势下党内政治生活的若干准则》明确指出，各级领导干部要坚持公私分明、先公后私、克己奉公，带头保持谦虚、谨慎、不骄、不躁的作风，保持艰苦奋斗的作风，带头执行廉洁自律准则，自觉同特权思想和特权现象作斗争，不准利用权力为自己和他人谋取私利。这些要求，充分体现了我们党坚持党的性质宗旨、坚守党的初心使命、永葆马克思主义政党本色的高度政治自觉和使命担当。

秉公用权才能赢得人心，为政清廉才能取信于民。党的干部是党的事业的骨干，是人民的公仆，要多想如何为党工作、为民造福。《中国共产党纪律处分条例》第九十四条规定：“党员干部必须正确行使人民赋予的权力，清正廉洁，反对特权思想和特权现象，反对任何滥用职权、谋求私利的行为。”这展现了我们党以彻底的自我革命精神反对特权的一贯立场和政治本色。各级党员领导干部要自觉反对特权思想和特权现象，要把全心全意为人民服务作为最高追求，把以权谋私、贪污腐败看成极大的耻辱，不仅自己不搞特权，而且要同形形色色的特权思想和特权现象作最坚决的斗争。要正确对待和处理公与私、义与利、廉与腐、俭与奢、苦与乐、亲与清的关系，做到秉公用权、为政清廉，真正以反对特权的实际行动赢得民心。

188. 为什么党纪要管党员干部的日常生活？

党员干部特别是领导干部的生活作风问题不仅仅是私事，生活作风上存在问题，往往是理想信念动摇的具体表现，并与自身经济上无节制的贪婪、生活上的奢靡交织在一起。无数案例表明，生活上的不正之风正是滋生腐败的温床。近年来，一些党员干部在工作时间之外的私人领域发生违纪违法行为的情况屡见不鲜，“八小时之外”一旦放松警惕，极易成为被“围猎”的对象。党章在规定党员必须履行的义务中明确指出，“发扬社会主义新风尚，带头实践社会主义核心价值观和社会主义荣辱观，提倡共产主义道德，弘扬中华民族传统美德”。因此，党员干部要养成在“八小时之外”自觉接受监督的习惯，时刻绷紧纪律作风这根弦，筑起预防腐化变质的坚强防线，坚持八小时内外一个样、工作内外一个样，时刻做到自省自警、慎独慎微，自觉净化社交圈、生活圈、朋友圈，杜绝不良嗜好，培养健康情趣。

《中国共产党纪律处分条例》对党员干部遵守党的生活纪律提出了明确要求，就是通过加强党纪约束，防止和纠正党员干部在业余时间作出影响公正执行公务、损害党和政府形象、违反社会公德的行为。

189. 党员干部与他人发生不正当性关系，怎样处分？

“不正当性关系”分为两种：一种是单纯的不正当性关系，属于违反生活纪律的行为；另一种是“权色交易”“钱色交易”，严重侵犯党员领导干部的职务廉洁性，属于违反廉洁纪律的行为。《中国共产党纪律处分条例》第一百五十一条规定："与他人发生不正当性关系，造成不良影响的，给予警告或者严重警告处分；情节较重的，给予撤销党内职务或者留党察看处分；情节严重的，给予开除党籍处分。"同时还规定："利用职权、教养关系、从属关系或者其他相类似关系与他人发生性关系的，从重处分。"该条对党员干部与他人发生不正当性关系，违反生活纪律行为作出了明确的处分规定。党员干部要洁身自好，守好欲望关，时刻保持清醒、抗拒诱惑、筑牢防线。

190. 党员领导干部的"家风"是小事私事吗?

重视家风建设，是我们党的优良传统和作风。党员领导干部的家风不是个人小事、家庭私事，而是作风的重要表现，《中国共产党廉洁自律准则》第八条明确规定党员领导干部要"廉洁齐家，自觉带头树立良好家风"。《关于新形势下党内政治生活的若干准则》明确要求"领导干部特别是高级干部必须注重家庭、家教、家风，教育管理好亲属和身边工作人员"。《中国共产党纪律处分条例》第一百五十二条规定："党员领导干部不重视家风建设，对配偶、子女及其配偶失管失教，造成不良影响或者严重后果的，给予警告或者严重警告处分；情节严重的，给予撤销党内职务处分。"

家风正则民风正，民风正则政风清。新时代，加强培育优良家风，既是推进全面从严治党、营造良好政治生态的关键切入点，也是党员领导干部提升党性修养、廉洁修身、廉洁齐家的着力点。欲治其国者，先齐其家。广大党员领导干部要切实把家风建设摆在重要位置，自觉营造良好家风，以好家风助推转作风、淳民风、清政风、正党风。

191. 党员干部用自己的合法收入购买奢侈品，可以吗？

爱美之心，人皆有之。党员干部依靠自己的合法收入，在自己经济承受范围内，偶尔购买奢侈品是可以的。但如果过分奢靡、追求贪图享乐，就会损害党员干部的形象，甚至在群众中造成不良影响。《中国共产党纪律处分条例》第一百五十条规定："生活奢靡、铺张浪费、贪图享乐、追求低级趣味，造成不良影响的，给予警告或者严重警告处分；情节严重的，给予撤销党内职务处分。"这是对党员干部在生活中追求奢靡、贪图享乐、追求低级趣味，并造成不良影响的行为给予纪律处分的规定。

其中，生活奢靡、贪图享乐主要指党员干部背离了党章要求的"吃苦在前，享受在后"的义务和《中国共产党廉洁自律准则》"尚俭戒奢"的要求，在日常生活中，讲排场、爱面子、比阔气、铺张浪费，在群众中和社会上产生不好的影响。当然，判断是否属于"生活奢靡、贪图享乐"，还应当综合考虑当地的经济发展水平、风俗习惯和群众的反映等因素。因此，党员干部购买奢侈品，即使用的是自己的合法收入，也应消费有度，不宜过分追求奢靡。

192. 党员干部花自己的钱，真的能想怎么吃就怎么吃吗？

带头厉行节约，反对浪费，应成为每个党员干部的自觉行动。坚持勤俭节约、反对铺张浪费，既是中华民族传统美德，也是践行社会主义核心价值观的重要体现。《关于新形势下党内政治生活的若干准则》规定党员干部要“讲修养、讲道德、讲诚信、讲廉耻，养成共产党人的高风亮节，自觉远离低级趣味”。从一些贪腐典型案例可以看到，有相当一部分违纪违法党员干部正是由于放纵奢靡享乐之欲，大手大脚铺张浪费成风，导致生活作风出现问题，被“围猎者”带入违纪违法的深渊。此外，如果党员干部不能够在厉行勤俭节约、反对铺张浪费等方面发挥良好示范作用，将直接影响党在人民群众心中的形象。《中国共产党纪律处分条例》对生活奢靡、铺张浪费、贪图享乐、追求低级趣味，造成不良影响的行为，作出了纪律处分的规定。由此可见，党员干部尽管是花自己的钱，也不能想怎么吃就怎么吃。因为，这不是个人的小事。如果被认定为“生活奢靡、铺张浪费、贪图享乐”，并“造成不良影响”，就要受到纪律处分。广大党员干部要崇尚简朴生活，自觉抵制讲排场和比阔气、攀比炫富、奢侈浪费等不良习气，锤炼道德品行，以优良党风政风持续引领社风民风向上向善。

193. 可以向企业借用车辆作为本单位工作用车吗？

党员干部不可以向企业借用车辆作为公务用车。中共中央办公厅、国务院办公厅《党政机关公务用车管理办法》明确规定，党政机关不得“换用、借用、占用下属单位或者其他单位和个人的车辆”，不得“擅自接受企事业单位和个人赠送车辆”，违反规定，将依纪依法追究相关人员责任。现实中，有的党员干部以解决工作用车为名无偿占用企业车辆，搞“灵活变通”“下有对策”，属于顶风违纪。党员干部借用企业车辆绝非小事，是公权的异化和滥用，体现出个别党员干部党纪意识淡薄，说到底是特权思想作祟。《中国共产党纪律处分条例》第九十九条规定，“借用管理和服务对象的钱款、住房、车辆等，可能影响公正执行公务”，视情节严重程度给予相应党纪处分。

194. 对党员干部借款借物借贷违规的行为，如何处理?

党员干部以“借”的名义获取财物等的使用权，把手中权力异化为谋取私利的工具，大搞权钱交易，造成恶劣的社会影响，必将受到党纪的严惩。《中国共产党纪律处分条例》第九十九条规定：“借用管理和服务对象的钱款、住房、车辆等，可能影响公正执行公务，情节较重的，给予警告或者严重警告处分；情节严重的，给予撤销党内职务、留党察看或者开除党籍处分。”“通过民间借贷等金融活动获取大额回报，可能影响公正执行公务的，依照前款规定处理。”如果获取了大额回报，并确定影响了公正执行公务，还有利用职权或者职务上的影响为相关人员谋利的行为，则可能认定为受贿，应当适用《中国共产党纪律处分条例》总则中纪法衔接条款处理。为此，党员干部要清醒地认识到“借”绝非某些党员干部自认为的“小事情”，而是轻则违纪重则违法犯罪的“大问题”。为此，党员干部要防止在借款、借物、借贷上违反廉洁纪律，犯错误、栽跟头。

195. 怎样操办婚丧喜庆事宜才不算违规?

《中国共产党纪律处分条例》第一百条是对党员干部操办婚丧喜庆事宜中违纪行为的处分规定。具体为："利用职权或者职务上的影响操办婚丧喜庆事宜，造成不良影响的，给予警告或者严重警告处分；情节严重的，给予撤销党内职务处分；借机敛财或者有其他侵犯国家、集体和人民利益行为的，从重或者加重处分，直至开除党籍。"

根据中央纪委国家监委网站的相关解释，本条的"利用职权或者职务上的影响"，重在强调，除利用职权以外，利用职务所形成的影响操办婚丧喜庆事宜也是禁止的，体现了全面从严治党要求。本条对党员干部操办婚丧喜庆事宜中的三类违纪行为作出了处分规定。一是利用职权或职务影响操办婚丧喜庆事宜，造成不良影响的。此类行为无论是否大操大办，也无论是否收送礼金，只要该婚丧喜庆事宜是党员干部利用职权或职务影响操办的，造成不良影响，都属于违纪行为。2023 年修订的《中国共产党纪律处分条例》用"造成不良影响的"代替了"在社会上造成不良影响的"的表述，即这种不良影响不仅包括在社会上造成的，还包括在党内或其他领域造成的，要求更严了。二是借操办婚丧喜庆事宜之机敛财的。其主要表现形式是行为人通过较大规模或者多次请客等形式，在操办婚丧喜庆事宜中收取较大数额礼金。三是在操办婚丧喜庆事宜中，有其他侵犯国家、集体和人民利益行为的，如因操办婚丧喜庆事宜，干扰和妨碍正常的生产、生活、工作、营业、教学、科研、交通秩序和其他正常秩序的，或者有造成人员伤亡或者其他重大事故的，等等。

196. 党员干部在业余时间可以打麻将吗？

党员干部在业余时间和家人及亲友打麻将休闲娱乐，是可以的，是不违规的。但如果党员干部打麻将涉及赌博，如参与赌博、为赌博活动提供场所或其他便利条件、在工作时间赌博、挪用公款赌博等，那么将面临相应的法纪处分。一些党员干部弄不清娱乐与赌博的界限，认为不在上班时间打麻将，“八小时之外”打麻将属于个人的娱乐活动。这种思想认识是错误的。现实中，有的党员干部在公共场所聚众赌博、利用赌博行贿和贪污挪用公款进行赌博，造成严重危害和恶劣社会影响。在一些腐败案件中，赌博已成为个别党员干部变相受贿的重要渠道，这些人往往利用下级、老板、管理服务对象对自己有所要求和故意输钱的心理进行赌博，变相收受贿赂。这是党纪国法所不允许的。

《中华人民共和国治安管理处罚法》明确规定，“以营利为目的，为赌博提供条件的，或者参与赌博赌资较大的，处五日以下拘留或者五百元以下罚款；情节严重的，处十日以上十五日以下拘留，并处五百元以上三千元以下罚款”。《中华人民共和国公职人员政务处分法》规定：对参与赌博的，“予以警告、记过或者记大过；情节较重的，予以降级或者撤职；情节严重的，予以开除”；对组织赌博的，“予以撤职或者开除”。对于党员干部有赌博违法犯罪行为的，应当依据《中国共产党纪律处分条例》总则规定的纪法衔接条款处理。虽然不构成违法犯罪，但违反社会公德，造成不良影响的，应当依据《中国共产党纪律处分条例》第一百五十四条规定追究党纪责任。

197. 党员干部家庭不和睦造成不良影响会受党纪处分吗?

家庭和睦事涉党员干部个人的家庭生活，属于家庭美德的范畴，同样也在党纪的约束范围之内。《中国共产党纪律处分条例》第一百五十四条规定:“有其他严重违反社会公德、家庭美德行为的，应当视具体情节给予警告直至开除党籍处分。”所谓“违反社会公德、家庭美德”，是指有违背社会公共道德和我国传统家庭美德的行为。比如，不赡养甚至虐待父母、遗弃家庭成员、家庭暴力、对孩子放任不管、生活腐化堕落、横行霸道、嚣张跋扈、欺负群众、为所欲为等。社会公德是指人类在长期社会生活实践中逐渐积累起来的、为社会公共生活所必需的最简单、最起码的公共生活准则。社会公德水平的高低，直接影响一个国家的社会秩序、社会风气、社会凝聚力，是衡量社会文明程度的重要标志。家庭美德是每个公民在家庭生活中应该遵循的行为准则。“家和万事兴”，和睦幸福的家庭，是党员干部工作和事业的坚实后盾。党章规定，党员必须履行“发扬社会主义新风尚，带头实践社会主义核心价值观和社会主义荣辱观，提倡共产主义道德，弘扬中华民族传统美德”的义务。党员干部有违背社会公德、家庭美德的行为，情节严重的，就违反了党的生活纪律，应当受到纪律处分。因此，党员干部应注重家风建设，尊重家庭每个成员，夫妻互爱，融洽相处，长幼互亲，营造和睦和谐的家庭氛围。

198. 党员干部的网络行为受党纪约束吗？

网络不是“法外之地”，2023年修订的《中国共产党纪律处分条例》与时俱进，紧跟时代发展，回应现实需求，切实规范约束党员网络言行，在第一百五十三条增写对违背公序良俗，在网络空间有不当言行的处分规定，要求党员干部面对纷繁复杂的网络环境，自觉规范自己的言论和行为，时时刻刻严格要求自己，做到网上、线下一个样，弘扬主旋律、传播正能量，共同营造健康向上、风清气正的网络环境。同时，党员干部应当敢于斗争、善于斗争，对网上各类错误思潮和错误观点敢于亮剑发声，旗帜鲜明批驳谬误。

199. 党员干部有违背社会公德、家庭美德行为的，应当给予什么处分？

“国无德不兴，人无德不立。”党员干部要模范遵守社会公德，注重家庭美德建设。《党政领导干部选拔任用工作条例》在规定考察党政领导职务拟任人选时，强调要深入考察道德品行，加强对工作时间之外表现的考察，注重了解社会公德、职业道德、家庭美德、个人品德等方面的情况。《中华人民共和国公务员法》明确要求公务员应当遵纪守法，不得违反职业道德、社会公德和家庭美德。带头践行社会主义核心价值观，坚守法治，遵守纪律，恪守职业道德，模范遵守社会公德、家庭美德。《中国共产党纪律处分条例》第一百五十四条规定，党员干部“有其他严重违反社会公德、家庭美德行为的，应当视具体情节给予警告直至开除党籍处分”。这些规定，为党员干部遵守社会公德、家庭美德提出了纪律底线要求。

200. 党员成“老赖”，会受到党纪处分吗？

党员在生产、工作、学习和社会生活中要带头诚实守信、遵纪守法，发挥好先锋模范作用。在现实生活中，有极少数党员甚至领导干部严重失信成为“老赖”，直接损害了党员的形象和声誉，理应受到党纪国法的惩处。《中国共产党纪律处分条例》第三十三条规定：“党员犯罪情节轻微，人民检察院依法作出不起诉决定的，或者人民法院依法作出有罪判决并免予刑事处罚的，应当给予撤销党内职务、留党察看或者开除党籍处分。”“党员犯罪，被单处罚金的，依照前款规定处理。”《中国共产党纪律处分条例》第三十五条第一款规定：“党员依法受到刑事责任追究的，党组织应当根据司法机关的生效判决、裁定、决定及其认定的事实、性质和情节，依照本条例规定给予党纪处分，是公职人员的由监察机关给予相应政务处分或者由任免机关（单位）给予相应处分。”对于党员来说，除了应依法承担相应的法律责任外，其行为还要受到党纪法规更严格的约束。因此，处理成为“老赖”的失信党员，需要党纪、司法等形成合力，增强执纪审查的政治效果、纪法效果和社会效果。

附录一

中国共产党纪律处分条例

（2003年12月23日中共中央政治局会议审议批准　2003年12月31日中共中央发布　2023年12月8日中共中央政治局会议第三次修订　2023年12月19日中共中央发布）

第一编　总　则

第一章　总体要求和适用范围

第一条　为了维护党章和其他党内法规，严肃党的纪律，纯洁党的组织，保障党员民主权利，教育党员遵纪守法，维护党的团结统一，保证党的理论、路线、方针、政策、决议和国家法律法规的贯彻执行，根据《中国共产党章程》，制定本条例。

第二条　党的纪律建设必须坚持以马克思列宁主义、毛泽东思想、邓小平理论、“三个代表”重要思想、科学发展观、习近平新时代中国特色社会主义思想为指导，坚持和加强党的全面领导，坚决维护习近平总书记党中央的核心、全党的核心地位，坚决维护以习近平同志为核心的党中央权威和集中统一领导，弘扬伟大建党精神，坚持自我革命，贯彻全面从严治党战略方针，落实新时代党的建设总要求，推动解决大党独有难题、健全全面从严治党体系，全面加强党的纪律建设，为以中国式现代化全面推进强国建设、民族复兴伟业提供坚强纪律保障。

第三条　党章是最根本的党内法规，是管党治党的总规矩。党的纪律是党的各级组织和全体党员必须遵守的行为规则。党组织和党员必须坚守初心使命，牢固树立政治意识、大局意识、核心意识、看齐意识，始终坚定道路自信、理论自信、制度自信、文化自信，切实践行正确的权力观、政绩观、事业观，自觉遵守和维护党章，严格执行和维护党的纪律，自觉接受党的纪律约束，模范遵守国家法律法规。

第四条　党的纪律处分工作遵循下列原则：

（一）坚持党要管党、全面从严治党。把严的基调、严的措施、严的氛围长期坚持下去，加强对党的各级组织和全体党员的教育、管理和监督，把纪律挺在前面，抓早抓小、防微杜渐。

（二）党纪面前一律平等。对违犯党纪的党组织和党员必须严肃、公正执行纪律，党内不允许有任何不受纪律约束的党组织和党员。

（三）实事求是。对党组织和党员违犯党纪的行为，应当以事实为依据，以党章、其他党内法规和国家法律法规为准绳，执纪执法贯通，准确认定行为性质，区别不同情况，恰当予以处理。

（四）民主集中制。实施党纪处分，应当按照规定程序经党组织集体讨论决定，不允许任何个人或者少数人擅自决定和批准。上级党组织对违犯党纪的党组织和党员作出的处理决定，下级党组织必须执行。

（五）惩前毖后、治病救人。处理违犯党纪的党组织和党员，应当实行惩戒与教育相结合，做到宽严相济。

第五条　深化运用监督执纪“四种形态”，经常开展批评和自我批评，及时进行谈话提醒、批评教育、责令检查、诫勉，让“红红脸、出出汗”成为常态；党纪轻处分、组织调整成为违纪处理的大多数；党纪重处分、重大职务调整的成为少数；严重违纪涉嫌犯罪追究刑事责任的成为极少数。

第六条　本条例适用于违犯党纪应当受到党纪责任追究的党组织和党员。

第二章　违纪与纪律处分

第七条　党组织和党员违反党章和其他党内法规，违反国家法律法规，违反党和国家政策，违反社会主义道德，危害党、国家和人民利益的行为，依照规定应当给予纪律处理或者处分的，都必须受到追究。

重点查处党的十八大以来不收敛、不收手，问题线索反映集中、群众反映强烈，政治问题和经济问题交织的腐败案件，违反中央八项规定精神的问题。

第八条　对党员的纪律处分种类：

（一）警告；

（二）严重警告；

（三）撤销党内职务；

（四）留党察看；

（五）开除党籍。

第九条　对于违犯党纪的党组织，上级党组织应当责令其作出书面检查或者给予通报批评。对于严重违犯党纪、本身又不能纠正的党组织，上一级党的委员会在查明核实后，根据情节严重的程度，可以予以：

（一）改组；

（二）解散。

第十条　党员受到警告处分一年内、受到严重警告处分一年半内，不得在党内提拔职务或者进一步使用，也不得向党外组织推荐担任高于其原任职务的党外职务或者进一步使用。

第十一条　撤销党内职务处分，是指撤销受处分党员由党内选举或者组织任命的党内职务。对于在党内担任两个以上职务的，党组织在作处分决定时，应当明确是撤销其一切职务还是一个或者几个职务。如果决定撤销其一个职务，必须撤销其担任的最高职务。如果决定撤销其两个以上职务，则必须从其担任的最高职务开始依次撤销。对于在党外组织担任职务的，应当建议党外组织撤销其党外职务。

对于在立案审查中因涉嫌违犯党纪被免职的党员，审查后依照本条例规定应当给予撤销党内职务处分的，应当按照其原任职务给予撤销党内职务处分。对于应当受到撤销党内职务处分，但是本人没有担任党内职务的，应当给予其严重警告处分。同时，在党外组织担任职务的，应当建议党外组织撤销其党外职务。

党员受到撤销党内职务处分，或者依照前款规定受到严重警告处分的，二年内不得在党内担任和向党外组织推荐担任与其原任职务相当或者高于其原任职务的职务。

第十二条　留党察看处分，分为留党察看一年、留党察看二年。对于受到留党察看处分一年的党员，期满后仍不符合恢复党员权利条件的，应当延长一年留党察看期限。留党察看期限最长不得超过二年。

党员受留党察看处分期间，没有表决权、选举权和被选举权。留党察看期间，确有悔改表现的，期满后恢复其党员权利；坚持不改或者又发现其他应当受到党纪处分的违纪行为的，应当开除党籍。

党员受到留党察看处分，其党内职务自然撤销。对于担任党外职务的，应当建议党外组织撤销其党外职务。受到留党察看处分的党员，恢复党员权利后二年内，不得在党内担任和向党外组织推荐担任与其原任职务相当或者高于其原任职务的职务。

第十三条　党员受到开除党籍处分，五年内不得重新入党，也不得推荐担任与其原任职务相当或者高于其原任职务的党外职务。另有规定不准重新入党的，依照规定。

第十四条　党员干部受到党纪处分，需要同时进行组织处理的，党组织应当按照规定给予组织处理。

党的各级代表大会的代表受到留党察看以上处分的，党组织应当终止其代表资格。

第十五条　对于受到改组处理的党组织领导机构成员，除应当受到撤销党内职务以上处分的外，均自然免职。

第十六条　对于受到解散处理的党组织中的党员，应当逐个审查。其中，符合党员条件的，应当重新登记，并参加新的组织过党的生活；不符合党员条件的，应当对其进行教育、限期改正，经教育仍无转变的，予以劝退或者除名；有违纪行为的，依照规定予以追究。

第三章　纪律处分运用规则

第十七条　有下列情形之一的，可以从轻或者减轻处分：

（一）主动交代本人应当受到党纪处分的问题；

（二）在组织谈话函询、初步核实、立案审查过程中，能够配合核实审查工作，如实说明本人违纪违法事实；

（三）检举同案人或者其他人应当受到党纪处分或者法律追究的问题，经查证属实，或者有其他立功表现；

（四）主动挽回损失、消除不良影响或者有效阻止危害结果发生；

（五）主动上交或者退赔违纪所得；

（六）党内法规规定的其他从轻或者减轻处分情形。

第十八条　根据案件的特殊情况，由中央纪委决定或者经省（部）级纪委（不含副省级市纪委）决定并呈报中央纪委批准，对违纪党员也可以在本条例规定的处分幅度以外减轻处分。

第十九条　对于党员违犯党纪应当给予警告或者严重警告处分，但是具有本条例第十七条规定的情形之一或者本条例分则中另有规定的，可以给予批评教育、责令检查、诫勉或者组织处理，免予党纪处分。对违纪党员免予处分，应当作出书面结论。

党员有作风纪律方面的苗头性、倾向性问题或者违犯党纪情节轻微的，可以给予谈话提醒、批评教育、责令检查等，或者予以诫勉，不予党纪处分。

党员行为虽然造成损失或者后果，但不是出于故意或者过失，而是由于不可抗力等原因所引起的，不追究党纪责任。

第二十条　有下列情形之一的，应当从重或者加重处分：

（一）强迫、唆使他人违纪；

（二）拒不上交或者退赔违纪所得；

（三）违纪受处分后又因故意违纪应当受到党纪处分；

（四）违纪受处分后，又被发现其受处分前没有交代的其他应当受到党纪处分的问题；

（五）党内法规规定的其他从重或者加重处分情形。

第二十一条　党员在党纪处分影响期内又受到党纪处分的，其影响期为原处分尚未执行的影响期与新处分影响期之和。

第二十二条　从轻处分，是指在本条例规定的违纪行为应当受到的处分幅度以内，给予较轻的处分。

从重处分，是指在本条例规定的违纪行为应当受到的处分幅度以内，给予较重的处分。

第二十三条　减轻处分，是指在本条例规定的违纪行为应当受到的处分幅度以外，减轻一档给予处分。

加重处分，是指在本条例规定的违纪行为应当受到的处分幅度以外，加重一档给予处分。

本条例规定的只有开除党籍处分一个档次的违纪行为，不适用第一款减轻处分的规定。

第二十四条　一人有本条例规定的两种以上应当受到党纪处分的违纪行为，应当合并处理，按其数种违纪行为中应当受到的最高处分加重一档给予处分；其中一种违纪行为应当受到开除党籍处分的，应当给予开除党籍处分。

第二十五条　一个违纪行为同时触犯本条例两个以上条款的，依照处分较重的条款定性处理。

一个条款规定的违纪构成要件全部包含在另一个条款规定的违纪构成要件中，特别规定与一般规定不一致的，适用特别规定。

第二十六条　二人以上共同故意违纪的，对为首者，从重处分，本条例另有规定的除外；对其他成员，按照其在共同违纪中所起的作用和应负的责任，分别给予处分。

对于经济方面共同违纪的，按照个人参与数额及其所起作用，分别给予处分。对共同违纪的为首者，情节严重的，按照共同违纪的总数额处分。

教唆他人违纪的，应当按照其在共同违纪中所起的作用追究党纪责任。

第二十七条　党组织领导机构集体作出违犯党纪的决定或者实施其他违犯党纪的行为，对具有共同故意的成员，按共同违纪处理；对过失违纪的成员，按照各自在集体违纪中所起的作用和应负的责任分别给予处分。

第四章　对违法犯罪党员的纪律处分

第二十八条　对违法犯罪的党员，应当按照规定给予党纪处分，做到适用纪律和适用法律有机融合，党纪政务等处分相匹配。

第二十九条　党组织在纪律审查中发现党员有贪污贿赂、滥用职权、玩忽职守、权力寻租、利益输送、徇私舞弊、浪费国家资财等违反法律涉嫌犯罪行为的，应当给予撤销党内职务、留党察看或者开除党籍处分。

第三十条　党组织在纪律审查中发现党员有刑法规定的行为，虽不构成犯罪但须追究党纪责任的，或者有其他破坏社会主义市场经济秩序、违反治安管理等违法行为，损害党、国家和人民利益的，应当视具体情节给予警告直至开除党籍处分。

违反国家财经纪律，在公共资金收支、税务管理、国有资产管理、政府采购管理、金融管理、财务会计管理等财经活动中有违法行为的，依照前款规定处理。

党员有嫖娼或者吸食、注射毒品等丧失党员条件，严重败坏党的形象行为的，应当给予开除党籍处分。

第三十一条　党组织在纪律审查中发现党员严重违纪涉嫌违法犯罪的，原则上先作出党纪处分决定，并按照规定由监察机关给予政务处分或者由任免机关（单位）给予处分后，再移送有关国家机关依法处理。

第三十二条　党员被依法留置、逮捕的，党组织应当按照管理权限中止其表决权、选举权和被选举权等党员权利。根据监察机关、司法机关处理结果，可以恢复其党员权利的，应当及时予以恢复。

第三十三条　党员犯罪情节轻微，人民检察院依法作出不起诉决定的，或者人民法院依法作出有罪判决并免予刑事处罚的，应当给予撤销党内职务、留党察看或者开除党籍处分。

党员犯罪，被单处罚金的，依照前款规定处理。

第三十四条　党员犯罪，有下列情形之一的，应当给予开除党籍处分：

（一）因故意犯罪被依法判处刑法规定的主刑（含宣告缓刑）；

（二）被单处或者附加剥夺政治权利；

（三）因过失犯罪，被依法判处三年以上（不含三年）有期徒刑。

因过失犯罪被判处三年以下有期徒刑或者被判处管制、拘役的，一般应当开除党籍。对于个别可以不开除党籍的，应当对照处分违纪党员批准权限的规定，报请再上一级党组织批准。

第三十五条　党员依法受到刑事责任追究的，党组织应当根据司法机关的生效判决、裁定、决定及其认定的事实、性质和情节，依照本条例规定给予党纪处分，是公职人员的由监察机关给予相应政务处分或者由任免机关（单位）给予相应处分。

党员依法受到政务处分、任免机关（单位）给予的处分、行政处罚，应当追究党纪责任的，党组织可以根据生效的处分、行政处罚决定认定的事实、性质和情节，经核实后依照规定给予相应党纪处分或者组织处理。其中，党员依法受到撤职以上处分的，应当依照本条例规定给予撤销党内职务以上处分。

党员违反国家法律法规、企事业单位或者其他社会组织的规章制度受到其他处分，应当追究党纪责任的，党组织在对有关方面认定的事实、性质和情节进行核实后，依照规定给予相应党纪处分或者组织处理。

党组织作出党纪处分或者组织处理决定后，监察机关、司法机关、行政机关等依法改变原生效判决、裁定、决定等，对原党纪处分或者组织处理决定产生影响的，党组织应当根据改变后的生效判决、裁定、决定等重新作出相应处理。

第五章　其他规定

第三十六条　预备党员违犯党纪，情节较轻，可以保留预备党员资格的，党组织应当对其批评教育或者延长预备期；情节较重的，应当取消其预备党员资格。

第三十七条　对违纪后下落不明的党员，应当区别情况作出处理：

（一）对有严重违纪行为，应当给予开除党籍处分的，党组织应当作出决定，开除其党籍；

（二）除前项规定的情况外，下落不明时间超过六个月的，党组织应当按照党章规定对其予以除名。

第三十八条　违纪党员在党组织作出处分决定前死亡，或者在死亡之后发现其曾有严重违纪行为，对于应当给予开除党籍处分的，开除其党籍；对于应当给予留党察看以下处分的，作出违犯党纪的书面结论和相应处理。

第三十九条　违纪行为有关责任人员的区分：

（一）直接责任者，是指在其职责范围内，不履行或者不正确履行自己的职责，对造成的损失或者后果起决定性作用的党员或者党员领导干部；

（二）主要领导责任者，是指在其职责范围内，对主管的工作不履行或者不正确履行职责，对造成的损失或者后果负直接领导责任的党员领导干部；

（三）重要领导责任者，是指在其职责范围内，对应管的工作或者参与决定的工作不履行或者不正确履行职责，对造成的损失或者后果负次要领导责任的党员领导干部。

本条例所称领导责任者，包括主要领导责任者和重要领导责任者。

第四十条　本条例所称主动交代，是指涉嫌违纪的党员在组织谈话函询、初步核实前向有关组织交代自己的问题，或者在谈话函询、初步核实和立案审查期间交代组织未掌握的问题。

第四十一条　担任职级、单独职务序列等级的党员干部违犯党纪受到处分，需要对其职级、单独职务序列等级进行调整的，参照本条例关于党外职务的规定执行。

第四十二条　计算经济损失应当计算立案时已经实际造成的全部财产损失，包括为挽回违纪行为所造成损失而支付的各种开支、费用。立案后至处理前持续发生的经济损失，应当一并计算在内。

第四十三条　对于违纪行为所获得的经济利益，应当收缴或者责令退赔。对于主动上交的违纪所得和经济损失赔偿，应当予以接收，并按照规定收缴或者返还有关单位、个人。

对于违纪行为所获得的职务、职级、职称、学历、学位、奖励、资格等其他利益，应当由承办案件的纪检机关或者由其上级纪检机关建议有关组织、部门、单位按照规定予以纠正。

对于依照本条例第三十七条、第三十八条规定处理的党员，经调查确属其实施违纪行为获得的利益，依照本条规定处理。

第四十四条　党纪处分决定作出后，应当在一个月内向受处分党员所在党的基层组织中的全体党员及其本人宣布，是领导班子成员的还应当向所在党组织领导班子宣布，并按照干部管理权限和组织关系将处分决定材料归入受处分者档案；对于受到撤销党内职务以上处分的，还应当在一个月内办理职务、工资、工作及其他有关待遇等相应变更手续；涉及撤销或者调整其党外职务的，应当建议党外组织及时撤销或者调整其党外职务。特殊情况下，经作出或者批准作出处分决定的组织批准，可以适当延长办理期限。办理期限最长不得超过六个月。

第四十五条　执行党纪处分决定的机关或者受处分党员所在单位，应当在六个月内将处分决定的执行情况向作出或者批准处分决定的机关报告。

党员对所受党纪处分不服的，可以依照党章及有关规定提出申诉。

第四十六条　党员因违犯党纪受到处分，影响期满后，党组织无需取消对其的处分。

第四十七条　本条例所称以上、以下，除有特别标明外均含本级、本数。

第四十八条　本条例总则适用于有党纪处分规定的其他党内法规，但是中共中央发布或者批准发布的其他党内法规有特别规定的除外。

第二编　分　则

第六章　对违反政治纪律行为的处分

第四十九条　在重大原则问题上不同党中央保持一致且有实际言论、行为或者造成不良后果的，给予警告或者严重警告处分；情节较重的，给予撤销党内职务或者留党察看处分；情节严重的，给予开除党籍处分。

第五十条　通过网络、广播、电视、报刊、传单、书籍等，或者利用讲座、论坛、报告会、座谈会等方式，公开发表坚持资产阶级自由化立场、反对四项基本原则，反对党的改革开放决策的文章、演说、宣言、声明等的，给予开除党籍处分。

发布、播出、刊登、出版前款所列文章、演说、宣言、声明等或者为上述行为提供方便条件的，对直接责任者和领导责任者，给予严重警告或者撤销党内职务处分；情节严重的，给予留党察看或者开除党籍处分。

第五十一条　通过网络、广播、电视、报刊、传单、书籍等，或者利用讲座、论坛、报告会、座谈会等方式，有下列行为之一，情节较轻的，给予警告或者严重警告处分；情节较重的，给予撤销党内职务或者留党察看处分；情节严重的，给予开除党籍处分：

（一）公开发表违背四项基本原则，违背、歪曲党的改革开放决策，或者其他有严重政治问题的文章、演说、宣言、声明等；

（二）妄议党中央大政方针，破坏党的集中统一；

（三）丑化党和国家形象，或者诋毁、诬蔑党和国家领导人、英雄模范，或者歪曲党的历史、中华人民共和国历史、人民军队历史。

发布、播出、刊登、出版前款所列内容或者为上述行为提供方便条件的，对直接责任者和领导责任者，给予严重警告或者撤销党内职务处分；情节严重的，给予留党察看或者开除党籍处分。

第五十二条　制作、贩卖、传播第五十条、第五十一条所列内容之一的报刊、书籍、音像制品、电子读物，以及网络文本、图片、音频、视频资料等，情节较轻的，给予警告或者严重警告处分；情节较重的，给予撤销党内职务或者留党察看处分；情节严重的，给予开除党籍处分。

私自携带、寄递第五十条、第五十一条所列内容之一的报刊、书籍、音像制品、电子读物等入出境，情节较重的，给予警告或者严重警告处分；情节严重的，给予撤销党内职务、留党察看或者开除党籍处分。

私自阅看、浏览、收听第五十条、第五十一条所列内容之一的报刊、书籍、音像制品、电子读物，以及网络文本、图片、音频、视频资料等，情节严重的，给予警告、严重警告或者撤销党内职务处分。

第五十三条　在党内组织秘密集团或者组织其他分裂党的活动的，给予开除党籍处分。

参加秘密集团或者参加其他分裂党的活动的，给予留党察看或者开除党籍处分。

第五十四条　在党内搞团团伙伙、结党营私、拉帮结派、政治攀附、培植个人势力等非组织活动，或者通过搞利益交换、为自己营造声势等活动捞取政治资本的，给予严重警告或者撤销党内职务处分；导致本地区、本部门、本单位政治生态恶化的，给予留党察看或者开除党籍处分。

第五十五条　搞投机钻营，结交政治骗子或者被政治骗子利用的，给予严重警告或者撤销党内职务处分；情节严重的，给予留党察看或者开除党籍处分。

充当政治骗子的，给予撤销党内职务、留党察看或者开除党籍处分。

第五十六条　党员领导干部在本人主政的地方或者分管的部门自行其是，搞山头主义，拒不执行党中央确定的大政方针，甚至背着党中央另搞一套的，给予撤销党内职务、留党察看或者开除党籍处分。

贯彻党中央决策部署只表态不落实，或者落实党中央决策部署不坚决，打折扣、搞变通，在政治上造成不良影响或者严重后果的，给予警告或者严重警告处分；情节严重的，给予撤销党内职务、留党察看或者开除党籍处分。

不顾党和国家大局，搞部门或者地方保护主义的，依照前款规定处理。

第五十七条　党员领导干部政绩观错位，违背新发展理念、背离高质量发展要求，给党、国家和人民利益造成较大损失的，给予警告或者严重警告处分；情节较重的，给予撤销党内职务或者留党察看处分；情节严重的，给予开除党籍处分。

搞劳民伤财的“形象工程”、“政绩工程”的，从重或者加重处分。

第五十八条　对党不忠诚不老实，表里不一，阳奉阴违，欺上瞒下，搞两面派，做两面人，在政治上造成不良影响的，给予警告或者严重警告处分；情节较重的，给予撤销党内职务或者留党察看处分；情节严重的，给予开除党籍处分。

第五十九条　制造、散布、传播政治谣言，破坏党的团结统一的，给予警告或者严重警告处分；情节较重的，给予撤销党内职务或者留党察看处分；情节严重的，给予开除党籍处分。

政治品行恶劣，匿名诬告，有意陷害或者制造其他谣言，造成损害或者不良影响的，依照前款规定处理。

第六十条　擅自对应当由党中央决定的重大政策问题作出决定、对外发表主张的，对直接责任者和领导责任者，给予严重警告或者撤销党内职务处分；情节严重的，给予留党察看或者开除党籍处分。

第六十一条　不按照有关规定向组织请示、报告重大事项，对直接责任者和领导责任者，情节较重的，给予警告或者严重警告处分；情节严重的，给予撤销党内职务或者留党察看处分。

第六十二条　干扰巡视巡察工作或者不落实巡视巡察整改要求，对直接责任者和领导责任者，情节较轻的，给予警告或者严重警告处分；情节较重的，给予撤销党内职务或者留党察看处分；情节严重的，给予开除党籍处分。

第六十三条　对抗组织审查，有下列行为之一的，给予警告或者严重警告处分；情节较重的，给予撤销党内职务或者留党察看处分；情节严重的，给予开除党籍处分：

（一）串供或者伪造、销毁、转移、隐匿证据；

（二）阻止他人揭发检举、提供证据材料；

（三）包庇同案人员；

（四）向组织提供虚假情况，掩盖事实；

（五）其他对抗组织审查行为。

第六十四条　组织、参加反对党的基本理论、基本路线、基本方略或者重大方针政策的集会、游行、示威等活动的，或者以组织讲座、论坛、报告会、座谈会等方式，反对党的基本理论、基本路线、基本方略或者重大方针政策，造成严重不良影响的，对策划者、组织者和骨干分子，给予开除党籍处分。

对其他参加人员或者以提供信息、资料、财物、场地等方式支持上述活动者，情节较轻的，给予警告或者严重警告处分；情节较重的，给予撤销党内职务或者留党察看处分；情节严重的，给予开除党籍处分。

对不明真相被裹挟参加，经批评教育后确有悔改表现的，可以免予处分或者不予处分。

未经组织批准参加其他集会、游行、示威等活动，情节较轻的，给予警告或者严重警告处分；情节较重的，给予撤销党内职务或者留党察看处分；情节严重的，给予开除党籍处分。

第六十五条　组织、参加旨在反对党的领导、反对社会主义制度或者敌视政府等组织的，对策划者、组织者和骨干分子，给予开除党籍处分。

对其他参加人员，情节较轻的，给予警告或者严重警告处分；情节较重的，给予撤销党内职务或者留党察看处分；情节严重的，给予开除党籍处分。

第六十六条　组织、参加会道门或者邪教组织的，对策划者、组织者和骨干分子，给予开除党籍处分。

对其他参加人员，情节较轻的，给予警告或者严重警告处分；情节较重的，给予撤销党内职务或者留党察看处分；情节严重的，给予开除党籍处分。

对不明真相的参加人员，经批评教育后确有悔改表现的，可以免予处分或者不予处分。

第六十七条　从事、参与挑拨破坏民族关系制造事端或者参加民族分裂活动的，对策划者、组织者和骨干分子，给予开除党籍处分。

对其他参加人员，情节较轻的，给予警告或者严重警告处分；情节较重的，给予撤销党内职务或者留党察看处分；情节严重的，给予开除党籍处分。

对不明真相被裹挟参加，经批评教育后确有悔改表现的，可以免予处分或者不予处分。

有其他违反党和国家民族政策的行为，情节较轻的，给予警告或者严重警告处分；情节较重的，给予撤销党内职务或者留党察看处分；情节严重的，给予开除党籍处分。

第六十八条　组织、利用宗教活动反对党的理论、路线、方针、政策和决议，破坏民族团结的，对策划者、组织者和骨干分子，给予开除党籍处分。

对其他参加人员，给予撤销党内职务或者留党察看处分；情节严重的，给予开除党籍处分。

对不明真相被裹挟参加，经批评教育后确有悔改表现的，可以免予处分或者不予处分。

有其他违反党和国家宗教政策的行为，情节较轻的，给予警告或者严重警告处分；情节较重的，给予撤销党内职务或者留党察看处分；情节严重的，给予开除党籍处分。

第六十九条　对信仰宗教的党员，应当加强思想教育，要求其限期改正；经党组织帮助教育仍没有转变的，应当劝其退党；劝而不退的，予以除名；参与利用宗教搞煽动活动的，给予开除党籍处分。

第七十条　组织迷信活动的，给予撤销党内职务或者留党察看处分；情节严重的，给予开除党籍处分。

参加迷信活动或者个人搞迷信活动，造成不良影响的，给予警告或者严重警告处分；情节较重的，给予撤销党内职务或者留党察看处分；情节严重的，给予开除党籍处分。

对不明真相的参加人员，经批评教育后确有悔改表现的，可以免予处分或者不予处分。

第七十一条　组织、利用宗族势力对抗党和政府，妨碍党和国家的方针政策以及决策部署的实施，或者破坏党的基层组织建设的，对策划者、组织者和骨干分子，给予开除党籍处分。

对其他参加人员，给予撤销党内职务或者留党察看处分；情节严重的，给予开除党籍处分。

对不明真相被裹挟参加，经批评教育后确有悔改表现的，可以免予处分或者不予处分。

第七十二条　在国（境）外、外国驻华使（领）馆申请政治避难，或者违纪后逃往国（境）外、外国驻华使（领）馆的，给予开除党籍处分。

在国（境）外公开发表反对党和政府的文章、演说、宣言、声明等的，依照前款规定处理。

故意为上述行为提供方便条件的，给予留党察看或者开除党籍处分。

第七十三条　在涉外活动中，其言行在政治上造成恶劣影响，损害党和国家尊严、利益的，给予撤销党内职务或者留党察看处分；情节严重的，给予开除党籍处分。

第七十四条　不履行全面从严治党主体责任、监督责任或者履行全面从严治党主体责任、监督责任不力，给党组织造成严重损害或者严重不良影响的，对直接责任者和领导责任者，给予警告或者严重警告处分；情节严重的，给予撤销党内职务或者留党察看处分。

第七十五条　党员领导干部对违反政治纪律和政治规矩等错误思想和行为不报告、不抵制、不斗争，放任不管，搞无原则一团和气，造成不良影响的，给予警告或者严重警告处分；情节严重的，给予撤销党内职务或者留党察看处分。

第七十六条　违反党的优良传统和工作惯例等党的规矩，在政治上造成不良影响或者严重后果的，给予警告或者严重警告处分；情节较重的，给予撤销党内职务或者留党察看处分；情节严重的，给予开除党籍处分。

第七章　对违反组织纪律行为的处分

第七十七条　违反民主集中制原则，有下列行为之一的，给予警告或者严重警告处分；情节严重的，给予撤销党内职务或者留党察看处分：

（一）拒不执行或者擅自改变党组织作出的重大决定；

（二）违反议事规则，个人或者少数人决定重大问题；

（三）故意规避集体决策，决定重大事项、重要干部任免、重要项目安排和大额资金使用；

（四）借集体决策名义集体违规。

第七十八条　下级党组织拒不执行或者擅自改变上级党组织决定的，对直接责任者和领导责任者，给予警告或者严重警告处分；情节严重的，给予撤销党内职务或者留党察看处分。

第七十九条　拒不执行党组织的分配、调动、交流等决定的，给予警告、严重警告或者撤销党内职务处分。

在特殊时期或者紧急状况下，拒不执行党组织上述决定的，给予留党察看或者开除党籍处分。

第八十条　在党组织纪律审查中，依法依规负有作证义务的党员拒绝作证或者故意提供虚假情况，情节较重的，给予警告或者严重警告处分；情节严重的，给予撤销党内职务、留党察看或者开除党籍处分。

第八十一条　有下列行为之一，情节较重的，给予警告或者严重警告处分：

（一）违反个人有关事项报告规定，隐瞒不报；

（二）在组织进行谈话函询时，不如实向组织说明问题；

（三）不按要求报告或者不如实报告个人去向；

（四）不如实填报个人档案资料。

有前款第二项规定的行为，同时向组织提供虚假情况、掩盖事实的，依照本条例第六十三条规定处理。

篡改、伪造个人档案资料的，给予严重警告处分；情节严重的，给予撤销党内职务或者留党察看处分。

隐瞒入党前严重错误的，一般应当予以除名；对入党多年且一贯表现好，或者在工作中作出突出贡献的，给予严重警告、撤销党内职务或者留党察看处分。

第八十二条　党员领导干部违反有关规定组织、参加自发成立的老乡会、校友会、战友会等，情节严重的，给予警告、严重警告或者撤销党内职务处分。

第八十三条　有下列行为之一的，给予警告或者严重警告处分；情节较重的，给予撤销党内职务或者留党察看处分；情节严重的，给予开除党籍处分：

（一）在民主推荐、民主测评、组织考察和党内选举中搞拉票、助选等非组织活动；

（二）在法律规定的投票、选举活动中违背组织原则搞非组织活动，组织、怂恿、诱使他人投票、表决；

（三）在选举中进行其他违反党章、其他党内法规和有关章程活动。

搞有组织的拉票贿选，或者用公款拉票贿选的，从重或者加重处分。

第八十四条　在干部选拔任用工作中，有任人唯亲、排斥异己、封官许愿、说情干预、跑官要官、突击提拔或者调整干部等违反干部选拔任用规定行为，对直接责任者和领导责任者，情节较轻的，给予警告或者严重警告处分；情节较重的，给予撤销党内职务或者留党察看处分；情节严重的，给予开除党籍处分。

用人失察失误造成严重后果的，对直接责任者和领导责任者，依照前款规定处理。

第八十五条　在推进领导干部能上能下工作中，搞好人主义，有下列行为之一，对直接责任者和领导责任者，情节较重的，给予警告或者严重警告处分；情节严重的，给予撤销党内职务或者留党察看处分：

（一）以党纪政务等处分规避组织调整；

（二）以组织调整代替党纪政务等处分；

（三）其他避重就轻作出处理行为。

第八十六条　在干部、职工的录用、考核、职务职级晋升、职称评聘、荣誉表彰，授予学术称号和征兵、安置退役军人等工作中，隐瞒、歪曲事实真相，或者利用职权或者职务上的影响违反有关规定为本人或者其他人谋取利益的，给予警告或者严重警告处分；情节较重的，给予撤销党内职务或者留党察看处分；情节严重的，给予开除党籍处分。

弄虚作假，骗取职务、职级、职称、待遇、资格、学历、学位、荣誉、称号或者其他利益的，依照前款规定处理。

第八十七条　侵犯党员的表决权、选举权和被选举权，情节较重的，给予警告或者严重警告处分；情节严重的，给予撤销党内职务处分。

以强迫、威胁、欺骗、拉拢等手段，妨害党员自主行使表决权、选举权和被选举权的，给予撤销党内职务、留党察看或者开除党籍处分。

第八十八条　有下列行为之一的，对直接责任者和领导责任者，给予警告或者严重警告处分；情节较重的，给予撤销党内职务或者留党察看处分；情节严重的，给予开除党籍处分：

（一）对批评、检举、控告进行阻挠、压制，或者将批评、检举、控告材料私自扣压、销毁，或者故意将其泄露给他人；

（二）对党员的申辩、辩护、作证等进行压制，造成不良后果；

（三）压制党员申诉，造成不良后果，或者不按照有关规定处理党员申诉；

（四）其他侵犯党员权利行为，造成不良后果。

对批评人、检举人、控告人、证人及其他人员打击报复的，从重或者加重处分。

第八十九条　违反党章和其他党内法规的规定，采取弄虚作假或者其他手段把不符合党员条件的人发展为党员，或者为非党员出具党员身份证明的，对直接责任者和领导责任者，给予警告或者严重警告处分；情节严重的，给予撤销党内职务处分。

违反有关规定程序发展党员的，对直接责任者和领导责任者，依照前款规定处理。

第九十条　违反有关规定取得外国国籍或者获取国（境）外永久居留资格、长期居留许可的，给予撤销党内职务、留党察看或者开除党籍处分。

第九十一条　违反有关规定办理因私出国（境）证件、前往港澳通行证，或者未经批准出入国（边）境，情节较轻的，给予警告或者严重警告处分；情节较重的，给予撤销党内职务或者留党察看处分；情节严重的，给予开除党籍处分。

虽经批准因私出国（境）但存在擅自变更路线、无正当理由超期未归等超出批准范围出国（境）行为，情节较重的，给予警告或者严重警告处分；情节严重的，给予撤销党内职务处分。

第九十二条　驻外机构或者临时出国（境）团（组）中的党员擅自脱离组织，或者从事外事、机要、军事等工作的党员违反有关规定同国（境）外机构、人员联系和交往的，给予警告、严重警告或者撤销党内职务处分。

第九十三条　驻外机构或者临时出国（境）团（组）中的党员，脱离组织出走时间不满六个月又自动回归的，给予撤销党内职务或者留党察看处分；脱离组织出走时间超过六个月的，按照自行脱党处理，党内予以除名。

故意为他人脱离组织出走提供方便条件的，给予警告、严重警告或者撤销党内职务处分。

第八章　对违反廉洁纪律行为的处分

第九十四条　党员干部必须正确行使人民赋予的权力，清正廉洁，反对特权思想和特权现象，反对任何滥用职权、谋求私利的行为。

利用职权或者职务上的影响为他人谋取利益，本人的配偶、子女及其配偶等亲属和其他特定关系人收受对方财物，情节较重的，给予警告或者严重警告处分；情节严重的，给予撤销党内职务、留党察看或者开除党籍处分。

第九十五条　相互利用职权或者职务上的影响为对方及其配偶、子女及其配偶等亲属、身边工作人员和其他特定关系人谋取利益搞权权交易的，给予警告或者严重警告处分；情节较重的，给予撤销党内职务或者留党察看处分；情节严重的，给予开除党籍处分。

第九十六条　纵容、默许配偶、子女及其配偶等亲属、身边工作人员和其他特定关系人利用党员干部本人职权或者职务上的影响谋取私利，情节较轻的，给予警告或者严重警告处分；情节较重的，给予撤销党内职务或者留党察看处分；情节严重的，给予开除党籍处分。

党员干部的配偶、子女及其配偶等亲属和其他特定关系人不实际工作而获取薪酬或者虽实际工作但领取明显超出同职级标准薪酬，党员干部知情未予纠正的，依照前款规定处理。

第九十七条　收受可能影响公正执行公务的礼品、礼金、消费卡（券）和有价证券、股权、其他金融产品等财物，情节较轻的，给予警告或者严重警告处分；情节较重的，给予撤销党内职务或者留党察看处分；情节严重的，给予开除党籍处分。

收受其他明显超出正常礼尚往来的财物的，依照前款规定处理。

第九十八条　向从事公务的人员及其配偶、子女及其配偶等亲属和其他特定关系人赠送明显超出正常礼尚往来的礼品、礼金、消费卡（券）和有价证券、股权、其他金融产品等财物，情节较重的，给予警告或者严重警告处分；情节严重的，给予撤销党内职务或者留党察看处分。

以讲课费、课题费、咨询费等名义变相送礼的，依照前款规定处理。

第九十九条　借用管理和服务对象的钱款、住房、车辆等，可能影响公正执行公务，情节较重的，给予警告或者严重警告处分；情节严重的，给予撤销党内职务、留党察看或者开除党籍处分。

通过民间借贷等金融活动获取大额回报，可能影响公正执行公务的，依照前款规定处理。

第一百条　利用职权或者职务上的影响操办婚丧喜庆事宜，造成不良影响的，给予警告或者严重警告处分；情节严重的，给予撤销党内职务处分；借机敛财或者有其他侵犯国家、集体和人民利益行为的，从重或者加重处分，直至开除党籍。

第一百零一条　接受、提供可能影响公正执行公务的宴请或者旅游、健身、娱乐等活动安排，情节较重的，给予警告或者严重警告处分；情节严重的，给予撤销党内职务或者留党察看处分。

第一百零二条　违反有关规定取得、持有、实际使用运动健身卡、会所和俱乐部会员卡、高尔夫球卡等各种消费卡（券），或者违反有关规定出入私人会所，情节较重的，给予警告或者严重警告处分；情节严重的，给予撤销党内职务或者留党察看处分。

第一百零三条　违反有关规定从事营利活动，有下列行为之一，情节较轻的，给予警告或者严重警告处分；情节较重的，给予撤销党内职务或者留党察看处分；情节严重的，给予开除党籍处分：

（一）经商办企业；

（二）拥有非上市公司（企业）的股份或者证券；

（三）买卖股票或者进行其他证券投资；

（四）从事有偿中介活动；

（五）在国（境）外注册公司或者投资入股；

（六）其他违反有关规定从事营利活动的行为。

利用参与企业重组改制、定向增发、兼并投资、土地使用权出让等工作中掌握的信息买卖股票，利用职权或者职务上的影响通过购买信托产品、基金等方式非正常获利的，依照前款规定处理。

违反有关规定在经济组织、社会组织等单位中兼职，或者经批准兼职但获取薪酬、奖金、津贴等额外利益的，依照第一款规定处理。

第一百零四条　利用职权或者职务上的影响，为配偶、子女及其配偶等亲属和其他特定关系人在审批监管、资源开发、金融信贷、大宗采购、土地使用权出让、房地产开发、工程招投标以及公共财政收支等方面谋取利益，情节较轻的，给予警告或者严重警告处分；情节较重的，给予撤销党内职务或者留党察看处分；情节严重的，给予开除党籍处分。

利用职权或者职务上的影响，为配偶、子女及其配偶等亲属和其他特定关系人吸收存款、推销金融产品、经营名贵特产类特殊资源等提供帮助谋取利益的，依照前款规定处理。

第一百零五条　离职或者退（离）休后违反有关规定接受原任职务管辖的地区和业务范围内或者与原工作业务直接相关的企业和中介机构等单位的聘用，或者个人从事与原任职务管辖业务或者与原工作业务直接相关的营利活动，情节较轻的，给予警告或者严重警告处分；情节较重的，给予撤销党内职务处分；情节严重的，给予留党察看处分。

党员领导干部离职或者退（离）休后违反有关规定担任上市公司、基金管理公司独立董事、独立监事等职务，情节较轻的，给予警告或者严重警告处分；情节较重的，给予撤销党内职务处分；情节严重的，给予留党察看处分。

第一百零六条　离职或者退（离）休后利用原职权或者职务上的影响，为配偶、子女及其配偶等亲属和其他特定关系人从事经营活动谋取利益，情节较轻的，给予警告或者严重警告处分；情节较重的，给予撤销党内职务或者留党察看处分；情节严重的，给予开除党籍处分。

离职或者退（离）休后利用原职权或者职务上的影响为他人谋取利益，本人的配偶、子女及其配偶等亲属和其他特定关系人收受对方财物，情节较重的，给予警告或者严重警告处分；情节严重的，给予撤销党内职务、留党察看或者开除党籍处分。

第一百零七条　党员领导干部的配偶、子女及其配偶，违反有关规定在该党员领导干部管辖的地区和业务范围内从事可能影响其公正执行公务的经营活动，或者有其他违反经商办企业禁业规定行为的，该党员领导干部应当按照规定予以纠正；拒不纠正的，其本人应当辞去现任职务或者由组织予以调整职务；不辞去现任职务或者不服从组织调整职务的，给予撤销党内职务处分。

第一百零八条　党和国家机关违反有关规定经商办企业的，对直接责任者和领导责任者，给予警告或者严重警告处分；情节严重的，给予撤销党内职务处分。

第一百零九条　党员领导干部违反工作、生活保障制度，在交通、医疗、警卫等方面为本人、配偶、子女及其配偶等亲属、身边工作人员和其他特定关系人谋求特殊待遇，情节较重的，给予警告或者严重警告处分；情节严重的，给予撤销党内职务或者留党察看处分。

第一百一十条　在分配、购买住房中侵犯国家、集体利益，情节较轻的，给予警告或者严重警告处分；情节较重的，给予撤销党内职务或者留党察看处分；情节严重的，给予开除党籍处分。

第一百一十一条　利用职权或者职务上的影响，侵占非本人经管的公私财物，或者以象征性地支付钱款等方式侵占公私财物，或者无偿、象征性地支付报酬接受服务、使用劳务，情节较轻的，给予警告或者严重警告处分；情节较重的，给予撤销党内职务或者留党察看处分；情节严重的，给予开除党籍处分。

利用职权或者职务上的影响，将应当由本人、配偶、子女及其配偶等亲属、身边工作人员和其他特定关系人个人支付的费用，由下属单位、其他单位或者他人支付、报销的，依照前款规定处理。

第一百一十二条　利用职权或者职务上的影响，违反有关规定占用公物归个人使用，时间超过六个月，情节较重的，给予警告或者严重警告处分；情节严重的，给予撤销党内职务处分。

占用公物进行营利活动的，给予警告或者严重警告处分；情节较重的，给予撤销党内职务或者留党察看处分；情节严重的，给予开除党籍处分。

将公物借给他人进行营利活动的，依照前款规定处理。

第一百一十三条　违反有关规定组织、参加用公款支付的宴请、娱乐、健身活动，或者用公款购买赠送或者发放礼品、消费卡（券）等，对直接责任者和领导责任者，情节较轻的，给予警告或者严重警告处分；情节较重的，给予撤销党内职务或者留党察看处分；情节严重的，给予开除党籍处分。

第一百一十四条　违反有关规定自定薪酬或者滥发津贴、补贴、奖金、福利等，对直接责任者和领导责任者，情节较轻的，给予警告或者严重警告处分；情节较重的，给予撤销党内职务或者留党察看处分；情节严重的，给予开除党籍处分。

第一百一十五条　有下列行为之一，对直接责任者和领导责任者，情节较轻的，给予警告或者严重警告处分；情节较重的，给予撤销党内职务或者留党察看处分；情节严重的，给予开除党籍处分：

（一）公款旅游或者以学习培训、考察调研、职工疗养等为名变相公款旅游；

（二）改变公务行程，借机旅游；

（三）参加所管理企业、下属单位组织的考察活动，借机旅游。

以考察、学习、培训、研讨、招商、参展等名义变相用公款出国（境）旅游的，对直接责任者和领导责任者，依照前款规定处理。

第一百一十六条　违反接待管理规定，超标准、超范围接待或者借机大吃大喝，对直接责任者和领导责任者，情节较重的，给予警告或者严重警告处分；情节严重的，给予撤销党内职务处分。

第一百一十七条　违反有关规定配备、购买、更换、装饰、使用公务交通工具或者有其他违反公务交通工具管理规定的行为，对直接责任者和领导责任者，情节较重的，给予警告或者严重警告处分；情节严重的，给予撤销党内职务或者留党察看处分。

第一百一十八条　违反会议活动管理规定，有下列行为之一，对直接责任者和领导责任者，情节较重的，给予警告或者严重警告处分；情节严重的，给予撤销党内职务处分：

（一）到禁止召开会议的风景名胜区开会；

（二）决定或者批准举办各类节会、庆典活动；

（三）其他违反会议活动管理规定行为。

擅自举办评比达标表彰、创建示范活动或者借评比达标表彰、创建示范活动收取费用的，对直接责任者和领导责任者，依照前款规定处理。

第一百一十九条　违反办公用房管理等规定，有下列行为之一，对直接责任者和领导责任者，情节较重的，给予警告或者严重警告处分；情节严重的，给予撤销党内职务处分：

（一）决定或者批准兴建、装修办公楼、培训中心等楼堂馆所；

（二）超标准配备、使用办公用房；

（三）未经批准租用、借用办公用房；

（四）用公款包租、占用客房或者其他场所供个人使用；

（五）其他违反办公用房管理等规定行为。

第一百二十条　搞权色交易或者给予财物搞钱色交易的，给予警告或者严重警告处分；情节较重的，给予撤销党内职务或者留党察看处分；情节严重的，给予开除党籍处分。

第一百二十一条　有其他违反廉洁纪律规定行为的，应当视具体情节给予警告直至开除党籍处分。

第九章　对违反群众纪律行为的处分

第一百二十二条　有下列行为之一，对直接责任者和领导责任者，情节较轻的，给予警告或者严重警告处分；情节较重的，给予撤销党内职务或者留党察看处分；情节严重的，给予开除党籍处分：

（一）超标准、超范围向群众筹资筹劳、摊派费用，加重群众负担；

（二）违反有关规定扣留、收缴群众款物或者处罚群众；

（三）克扣群众财物，或者违反有关规定拖欠群众钱款；

（四）在管理、服务活动中违反有关规定收取费用；

（五）在办理涉及群众事务时刁难群众、吃拿卡要；

（六）其他侵害群众利益行为。

在乡村振兴领域有上述行为的，从重或者加重处分。

第一百二十三条　干涉生产经营自主权，致使群众财产遭受较大损失的，对直接责任者和领导责任者，给予警告或者严重警告处分；情节严重的，给予撤销党内职务或者留党察看处分。

第一百二十四条　在社会保障、社会救助、政策扶持、救灾救济款物分配等事项中优亲厚友、明显有失公平的，给予警告或者严重警告处分；情节较重的，给予撤销党内职务或者留党察看处分；情节严重的，给予开除党籍处分。

第一百二十五条　利用宗族或者黑恶势力等欺压群众，或者纵容涉黑涉恶活动、为黑恶势力充当“保护伞”的，给予撤销党内职务或者留党察看处分；情节严重的，给予开除党籍处分。

第一百二十六条　有下列行为之一，对直接责任者和领导责任者，情节较重的，给予警告或者严重警告处分；情节严重的，给予撤销党内职务或者留党察看处分：

（一）对涉及群众生产、生活等切身利益的问题依照政策或者有关规定能解决而不及时解决，庸懒无为、效率低下，造成不良影响；

（二）对符合政策的群众诉求消极应付、推诿扯皮，损害党群、干群关系；

（三）对待群众态度恶劣、简单粗暴，造成不良影响；

（四）弄虚作假，欺上瞒下，损害群众利益；

（五）其他不作为、乱作为、慢作为、假作为等损害群众利益行为。

第一百二十七条　遇到国家财产和群众生命财产受到严重威胁时，能救而不救，情节较重的，给予警告、严重警告或者撤销党内职务处分；情节严重的，给予留党察看或者开除党籍处分。

第一百二十八条　不按照规定公开党务、政务、厂务、村（居）务等，侵犯群众知情权，对直接责任者和领导责任者，情节较重的，给予警告或者严重警告处分；情节严重的，给予撤销党内职务或者留党察看处分。

第一百二十九条　有其他违反群众纪律规定行为的，应当视具体情节给予警告直至开除党籍处分。

第十章　对违反工作纪律行为的处分

第一百三十条　工作中不负责任或者疏于管理，贯彻执行、检查督促落实上级决策部署不力，给党、国家和人民利益以及公共财产造成较大损失的，对直接责任者和领导责任者，给予警告或者严重警告处分；造成重大损失的，给予撤销党内职务、留党察看或者开除党籍处分。

党员领导干部对于到任前已经存在且属于其职责范围内的问题，消极回避、推卸责任，造成严重损害或者严重不良影响的，依照前款规定处理。

第一百三十一条　工作中不敢斗争、不愿担当，面对重大矛盾冲突、危机困难临阵退缩，造成不良影响或者严重后果的，给予警告或者严重警告处分；情节严重的，给予撤销党内职务、留党察看或者开除党籍处分。

第一百三十二条　有下列行为之一，造成严重损害或者严重不良影响的，对直接责任者和领导责任者，给予警告或者严重警告处分；情节较重的，给予撤销党内职务或者留党察看处分；情节严重的，给予开除党籍处分：

（一）热衷于搞舆论造势、浮在表面；

（二）单纯以会议贯彻会议、以文件落实文件，在实际工作中不见诸行动；

（三）脱离实际，不作深入调查研究，搞随意决策、机械执行；

（四）违反精文减会有关规定搞文山会海；

（五）在督查检查考核等工作中搞层层加码、过度留痕，增加基层工作负担；

（六）工作中其他形式主义、官僚主义行为。

第一百三十三条　在公务活动用餐、单位食堂用餐管理工作中不履行或者不正确履行宣传教育、监督管理职责，导致餐饮浪费，造成严重不良影响的，对直接责任者和领导责任者，给予警告或者严重警告处分；情节严重的，给予撤销党内职务处分。

第一百三十四条　在机构编制工作中，有下列行为之一，造成不良影响或者严重后果的，对直接责任者和领导责任者，给予警告或者严重警告处分；情节较重的，给予撤销党内职务或者留党察看处分；情节严重的，给予开除党籍处分：

（一）擅自超出“三定”规定范围调整职责、设置机构、核定领导职数和配备人员；

（二）违规干预地方机构设置；

（三）其他违反机构编制管理规定行为。

第一百三十五条　在信访工作中，有下列行为之一，造成不良影响或者严重后果的，对直接责任者和领导责任者，给予警告或者严重警告处分；情节较重的，给予撤销党内职务或者留党察看处分；情节严重的，给予开除党籍处分：

（一）不按照规定受理、办理信访事项；

（二）对规模性集体访等处置不力，导致事态扩大；

（三）对党委和政府信访部门提出的改进工作、完善政策等建议重视不够、落实不力，导致问题长期得不到解决；

（四）其他不履行或者不正确履行信访工作职责行为。

不履行或者不正确履行职责，导致信访事项发生，造成不良影响或者严重后果的，对直接责任者和领导责任者，依照前款规定处理。

第一百三十六条　党组织有下列行为之一，对直接责任者和领导责任者，情节较重的，给予警告或者严重警告处分；情节严重的，给予撤销党内职务或者留党察看处分：

（一）党员被立案审查期间，擅自批准其出差、出国（境）、辞职，或者对其交流、提拔职务、晋升职级、进一步使用、奖励，或者办理退休手续；

（二）党员被依法追究刑事责任后，不按照规定给予党纪处分，或者对党员违反国家法律法规的行为，应当给予党纪处分而不处分；

（三）党纪处分决定或者申诉复查决定作出后，不按照规定落实决定中关于被处分人党籍、职务、职级、待遇等事项；

（四）党员受到党纪处分后，不按照干部管理权限和组织关系对受处分党员开展日常教育、管理和监督工作。

第一百三十七条　滥用问责，或者在问责工作中严重不负责任，造成不良影响的，对直接责任者和领导责任者，给予警告或者严重警告处分；情节严重的，给予撤销党内职务处分。

第一百三十八条　因工作不负责任致使所管理的人员叛逃的，对直接责任者和领导责任者，给予警告或者严重警告处分；情节严重的，给予撤销党内职务处分。

因工作不负责任致使所管理的人员出逃、出走，对直接责任者和领导责任者，情节较重的，给予警告或者严重警告处分；情节严重的，给予撤销党内职务处分。

第一百三十九条　进行统计造假，对直接责任者和领导责任者，情节较轻的，给予警告或者严重警告处分；情节较重的，给予撤销党内职务或者留党察看处分；情节严重的，给予开除党籍处分。

对统计造假失察，造成严重后果的，对直接责任者和领导责任者，给予警告或者严重警告处分；情节严重的，给予撤销党内职务、留党察看或者开除党籍处分。

第一百四十条　在上级检查、视察工作或者向上级汇报、报告工作时对应当报告的事项不报告或者不如实报告，造成严重损害或者严重不良影响的，对直接责任者和领导责任者，给予警告或者严重警告处分；情节严重的，给予撤销党内职务或者留党察看处分。

在上级检查、视察工作或者向上级汇报、报告工作时纵容、唆使、暗示、强迫下级说假话、报假情的，从重或者加重处分。

第一百四十一条　违反有关规定干预和插手市场经济活动，有下列行为之一，情节较轻的，给予警告或者严重警告处分；情节较重的，给予撤销党内职务或者留党察看处分；情节严重的，给予开除党籍处分：

（一）干预和插手建设工程项目承发包、土地使用权出让、政府采购、房地产开发与经营、矿产资源开发利用、中介机构服务等活动；

（二）干预和插手国有企业重组改制、兼并、破产、产权交易、清产核资、资产评估、资产转让、重大项目投资以及其他重大经营活动等事项；

（三）干预和插手批办各类行政许可和资金借贷等事项；

（四）干预和插手经济纠纷；

（五）干预和插手集体资金、资产和资源的使用、分配、承包、租赁等事项。

第一百四十二条　违反有关规定干预和插手司法活动、执纪执法活动，向有关地方或者部门打听案情、打招呼、说情，或者以其他方式对司法活动、执纪执法活动施加影响，情节较轻的，给予严重警告处分；情节较重的，给予撤销党内职务或者留党察看处分；

情节严重的，给予开除党籍处分。

违反有关规定干预和插手公共财政资金分配、项目立项评审、功勋荣誉表彰奖励等活动，造成重大损失或者不良影响的，依照前款规定处理。

第一百四十三条　按照有关规定对干预和插手行为负有报告和登记义务的受请托人，不按照规定报告或者登记，情节较重的，给予警告或者严重警告处分；情节严重的，给予撤销党内职务处分。

第一百四十四条　泄露、扩散或者打探、窃取党组织关于干部选拔任用、纪律审查、巡视巡察等尚未公开事项或者其他应当保密的内容的，给予警告或者严重警告处分；情节较重的，给予撤销党内职务或者留党察看处分；情节严重的，给予开除党籍处分。

私自留存涉及党组织关于干部选拔任用、纪律审查、巡视巡察等方面资料，情节较重的，给予警告或者严重警告处分；情节严重的，给予撤销党内职务处分。

第一百四十五条　在考试、录取工作中，有泄露试题、考场舞弊、涂改考卷、违规录取等违反有关规定行为的，给予警告或者严重警告处分；情节较重的，给予撤销党内职务或者留党察看处分；情节严重的，给予开除党籍处分。

第一百四十六条　以不正当方式谋求本人或者其他人用公款出国（境），情节较轻的，给予警告处分；情节较重的，给予严重警告处分；情节严重的，给予撤销党内职务处分。

第一百四十七条　临时出国（境）团（组）或者人员中的党员，擅自延长在国（境）外期限，或者擅自变更路线的，对直接责任者和领导责任者，给予警告或者严重警告处分；情节严重的，给予撤销党内职务处分。

第一百四十八条　驻外机构或者临时出国（境）团（组）中的党员，触犯驻在国家、地区的法律、法令或者不尊重驻在国家、地区的宗教习俗，情节较重的，给予警告或者严重警告处分；情节严重的，给予撤销党内职务、留党察看或者开除党籍处分。

第一百四十九条　在党的纪律检查、组织、宣传、统一战线工作以及机关工作等其他工作中，不履行或者不正确履行职责，造成损失或者不良影响的，应当视具体情节给予警告直至开除党籍处分。

第十一章　对违反生活纪律行为的处分

第一百五十条　生活奢靡、铺张浪费、贪图享乐、追求低级趣味，造成不良影响的，给予警告或者严重警告处分；情节严重的，给予撤销党内职务处分。

第一百五十一条　与他人发生不正当性关系，造成不良影响的，给予警告或者严重警告处分；情节较重的，给予撤销党内职务或者留党察看处分；情节严重的，给予开除党籍处分。

利用职权、教养关系、从属关系或者其他相类似关系与他人发生性关系的，从重处分。

第一百五十二条　党员领导干部不重视家风建设，对配偶、子女及其配偶失管失教，造成不良影响或者严重后果的，给予警告或者严重警告处分；情节严重的，给予撤销党内职务处分。

第一百五十三条　违背社会公序良俗，在公共场所、网络空间有不当言行，造成不良影响的，给予警告或者严重警告处分；情节较重的，给予撤销党内职务或者留党察看处分；情节严重的，给予开除党籍处分。

第一百五十四条　有其他严重违反社会公德、家庭美德行为的，应当视具体情节给予警告直至开除党籍处分。

第三编　附　则

第一百五十五条　各省、自治区、直辖市党委可以根据本条例，结合各自工作的实际情况，制定单项实施规定。

第一百五十六条　中央军事委员会可以根据本条例，结合中国人民解放军和中国人民武装警察部队的实际情况，制定补充规定或者单项规定。

第一百五十七条　本条例由中央纪委负责解释。

第一百五十八条　本条例自 2024 年 1 月 1 日起施行。

本条例施行前，已结案的案件如需进行复查复议，适用当时的规定或者政策。尚未结案的案件，如果行为发生时的规定或者政策不认为是违纪，而本条例认为是违纪的，依照当时的规定或者政策处理；如果行为发生时的规定或者政策认为是违纪的，依照当时的规定或者政策处理，但是如果本条例不认为是违纪或者处理较轻的，依照本条例规定处理。

附录二

中央八项规定和中央八项规定精神

中央八项规定是什么？

中央八项规定是指 2012 年 12 月 4 日中共中央政治局会议审议通过的《十八届中央政治局关于改进工作作风、密切联系群众的八项规定》，具体包括改进调查研究、精简会议活动、精简文件简报、规范出访活动、改进警卫工作、改进新闻报道、严格文稿发表、厉行勤俭节约等八个方面，简称“中央八项规定”。

中央八项规定是对中央政治局的要求，具体内容包括：

（1）中央政治局全体同志要改进调查研究，到基层调研要深入了解真实情况，总结经验、研究问题、解决困难、指导工作，向群众学习、向实践学习，多同群众座谈，多同干部谈心，多商量讨论，多解剖典型，多到困难和矛盾集中、群众意见多的地方去，切忌走过场、搞形式主义；要轻车简从、减少陪同、简化接待，不张贴悬挂标语横幅，不安排群众迎送，不铺设迎宾地毯，不摆放花草，不安排宴请。

（2）要精简会议活动，切实改进会风，严格控制以中央名义召开的各类全国性会议和举行的重大活动，不开泛泛部署工作和提要求的会，未经中央批准一律不出席各类剪彩、奠基活动和庆祝会、纪念会、表彰会、博览会、研讨会及各类论坛；提高会议实效，开短会、讲短话，力戒空话、套话。

（3）要精简文件简报，切实改进文风，没有实质内容、可发可不发的文件、简报一律不发。

（4）要规范出访活动，从外交工作大局需要出发合理安排出访活动，严格控制出访随行人员，严格按照规定乘坐交通工具，一般不安排中资机构、华侨华人、留学生代表等到机场迎送。

（5）要改进警卫工作，坚持有利于联系群众的原则，减少交通管制，一般情况下不得封路、不清场闭馆。

（6）要改进新闻报道，中央政治局同志出席会议和活动应根据工作需要、新闻价值、社会效果决定是否报道，进一步压缩报道的数量、字数、时长。

（7）要严格文稿发表，除中央统一安排外，个人不公开出版著作、讲话单行本，不发贺信、贺电，不题词、题字。

（8）要厉行勤俭节约，严格遵守廉洁从政有关规定，严格执行住房、车辆配备等有关工作和生活待遇的规定。

中央八项规定精神是什么？

中央八项规定出台以后，中央各部门和全国各地针对自身实际情况，制定了一系列改进作风的制度规定，不断细化和拓展中央八项规定精神，巩固作风建设成果。

中央八项规定具体条文主要是对中央政治局提出的要求，但是中央八项规定精神是对全党同志的共同要求，体现以上率下的精神，具体是指符合中央八项规定内涵的一系列政策规定的统称，是每一名党员都应当遵守的要求。

那么，违反中央八项规定精神有哪些具体表现呢？近年来，中央纪委国家监委按月公布全国查处违反中央八项规定精神问题统计表，按照两大类型统计问题数据：一类是形式主义、官僚主义问题，一类是享乐主义、奢靡之风问题。

形式主义、官僚主义问题：

（1）贯彻党中央重大决策部署有令不行、有禁不止，或者表态多调门高、行动少落实差，脱离实际、脱离群众，造成严重后果；

（2）在履职尽责、服务经济社会发展和生态环境保护方面不担当、不作为、乱作为、假作为，严重影响高质量发展；

（3）在联系服务群众中消极应付、冷硬横推、效率低下，损害群众利益，群众反映强烈；

（4）文山会海反弹回潮，文风会风不实不正，督查检查考核过多过频、过度留痕，给基层造成严重负担。

享乐主义、奢靡之风问题：

（1）违规收送名贵特产和礼品礼金（包括：违规收送名贵特产类礼品、违规收送礼金和其他礼品）；

（2）违规吃喝（包括：违规公款吃喝、违规接受管理和服务对象等宴请）；

（3）违规操办婚丧喜庆；

（4）违规发放津补贴或福利；

（5）公款旅游以及违规接受管理和服务对象等旅游活动安排；

（6）其他（包括：违规配备和使用公车、楼堂馆所问题、提供或接受超标准接待、组织或参加用公款支付的高消费娱乐健身等活动、接受或提供可能影响公正执行公务的健身娱乐等活动、违规出入私人会所、领导干部住房违规）。